藍學堂

學習・奇趣・輕鬆讀

3小時讀懂
現代中國

5大面向×62關鍵問題，了解中國人為什麼這樣想、那樣做

세상 친절한 중국상식
62가지 질문으로 들여다본 중국인의 뇌 구조

李伐贊 이벌찬、吳京鈴 오로라 著　陳聖薇、游芯歆、張琪惠 譯

Contents

目錄

第2章 政治——一個中國的大國歷史

第3章 外交——震撼世界的中國外交戰

第4章 社會——我們不知道的中國真實面貌

推薦序　一本書，建立對中國的脈絡性思考

張國城

本書堪稱是一本簡明版的「中國時事百科」，以韓國人的角度來看這幾年來的中國，可以說相當具有意義，作者將中國的基本知識歸納為經濟、政治、外交、社會、文化五大面向，選出六十二個主題，於一本書闡明中國的核心問題。以即時、確實的資訊，完整剖析中國的現況，帶領讀者進入現代中國的社會場景，對中國有更宏觀的認識。作者的文字功力、取材廣度和商周的譯筆水準都值得讚許，也讓這本書十分具有可讀性。

本書在介紹中國的各項現況之餘，有幾點是非常有價值的：

第一，對於每件事情的來龍去脈、時間序列相當清楚，這點方便讀者建立脈絡性的思考，也了解任一重要事件，其「歷史動力」為何。

第二，作為資深記者，作者具有高度的情報意識。譬如在第六十二則「我追蹤的帳號是政府創建的？」，作者就深入淺出的分析了中國當局在網路上操作帳號以引導輿論的方法。首先是在微信等網路上創造一個搞笑的帳號，甚至創造象徵帳號的人物，接著策略性發布獨家資訊，以提

升訂閱人數，並且動員貼文工讀生以炒熱人數，接著再讓海外媒體（包括台灣）轉載。這種方式比正規的「大內宣」和「大外宣」要有效很多，也是台灣當前面對的主要挑戰，而本書提供的豐富內容，恰是台灣社會超脫中國「大內宣」和「大外宣」所需要的。

第三，兩位作者都是韓國大媒體的資深記者，長年派駐中國，因此在韓國不僅是重要的新聞工作者，更具有在這些議題上「宗師」的地位。這樣的人在日韓社會很常見——也就是**機構培養權威、社會尊重權威，權威也有高度的自我惕厲及追求卓越的精神和作為**。這當然和日韓的文化有關，然而在台灣社會，新聞界和出版界有這樣的態勢嗎？這或許是我們可以反思的。就以今天（二〇二一年）來說，中國和台灣關係如此密切，台灣有哪些媒體像韓國媒體一樣，有長年派駐中國的記者或特派員？還是就以語言之便，順勢將中國媒體的報導自我解讀後作為自己的報導呢？台灣社會這樣去了解中國，足夠嗎？

以上三點，都是筆者一口氣讀完本書的最大動力；雖然作為一個長年對中國感興趣的研究者，本書中的內容對筆者來說並不陌生。除了注意是否有錯誤（這點幾乎沒發現）以外，最重要的是作者能給讀者什麼啟示。作者在書的結尾指出，因為中國對韓國的影響太密切。「……我在截稿後才領悟到，中國和我們有多靠近。即使不想在意中國，然而中國卻不斷闖入我們的視野，無論如何都要擠進我們的生活，無論以任何形式都會造成影響。……」看在台灣人眼中，真的是心有戚戚焉！因為不管怎樣，韓國只是擔心「在美中關係的變化中，韓國會面臨必須選邊的壓力」，還有「中國在哪些領域上競爭力超過韓國」，還不需擔心韓國成為中國一部分的問題，也不需要擔心中國的軍事威脅（至少不需要像台灣一樣擔心）。換句話說，台灣人更應該用一個客觀、認真的態度來觀察，進而了解中國，然而，這樣的著作在哪裡呢？在本土的著作出現之前，商周的這本《3小時讀懂現代中國》是值得推薦給台灣讀者的。

（本文作者為臺北醫學大學通識教育中心教授）

推薦序　為什麼要從一個鄰國（韓國）的角度去看另一個鄰國（中國）？

蔡依橙

在臺灣，看中國，太多千絲萬縷的牽扯，有的人厭惡，有的人熱愛，有的人則冷漠。

偏偏，這又是一個我們一定要去認識的國家，原因可能包括：中國的政府、軍隊與人民，持續威脅臺灣人的生命安全，除了「留島不留人」的殘暴口號，也從各種面向滲透與騷擾臺灣；或者，你的工作無可避免地要接觸這樣的特殊市場；又或許因為你有些個人因素，打算前往中國求學、讀書、拚事業。

對中國的功課，都是我們得做的。

這時候，藉由一個韓國記者的視角看中國，能讓我們看待事情時，多些立體感，也多看到些層次。這本很好讀的小書，就有這樣的功能。而且，不管你對中國的認識到怎樣的程度，本書都能提供不同的啟發。

即使你已經是長年關注國際新聞、對於中國的真實狀況有所掌握的人，本書提到許多韓國演藝圈與中國的多次擦槍走火，依然很值得看。例如：李孝利事件、抄襲韓國模式的男團、離開韓團回到中國發展的鹿晗，以及我們也很熟悉的周子瑜事件。都能感受到，面對廣大、豐厚但卻前現代的市場，韓國人持續在各種擦槍走火中認識中國的過程。

如果你對中國了解不多，本書不管是經濟、政治、社會、文化的整理，都相當清楚好懂，是你打算對中國發表評論，或真的要去中國求學或工作前，最好能先看過的關鍵重點。

唯二可惜的是：在談到「一國兩制」時，還沒更新到香港一國兩制已徹底死亡的近況；在「九二共識」的部分，認知與陳述比較偏向中國共產黨與中國國民黨的版本。

但這對臺灣讀者來說，問題不大，我們很清楚香港發生的事情，而「九二共識其實沒有共識」的相關討論，在網路上也都很容易找到。

一個適合臺灣人的國際觀，應該是多角度的，我們畢竟不是美國或中國這樣的大國，能夠抱持著一種簡單的歷史觀，去要求其他國家配合，而是必須很認真地認識每個在世界政治桌上的角色，努力的求同存異，在不同的議題板塊滑動時，爭取利益最大化。

韓國，是一個離中國非常近的國家，離中國北京的實際距離，比臺灣短上許多，中間隔的，不是難以跨越的黑水溝，而是不透明且受中國暗助的北韓，直接陸地接壤，打過非常慘烈的韓戰。這使得韓國跟臺灣的處境，雖有類似之處，卻也有許多根本的不同。

去認識一個鄰國（韓國）對中國的看法與態度，取得的利益以及吃過的虧，也才能知道，在哪些議題上我們可以是夥伴，哪些議題上可能不適合談。從簡單的「韓國到底是傾中還是反中」的二分法更進一步，建構一個更為清晰、立體、有層次的國際視野。

在這個過程中，我們對中國與東亞國際政治的認識，也將更為全面。

（本文作者為陪你看國際新聞創辦人）

前言　從內部和背景來理解中國

為什麼我們難以理解中國？因為彼此對所謂「常識」的認知不同。對我們來說，民主是善、獨裁是惡，而中國卻是社會主義國家，屬於一黨獨裁體制。我們相信國與國之間沒有排名，學到國際社會的是非不能根據強權理論，必須師出有名。但是，中國自居「大國」，當國際社會發生衝突時，就會展現自身的軍事力量和經濟力量。另外，我們認為國家在企業和技術發展上所扮演的角色，就是在政策上給予支援，但中國卻是由國家直接選擇企業培養，並主導技術的開發。我們認為網路上的自由不容侵犯，但在中國，上網受到諸多限制和監視。由此可見，韓國人與中國人的腦，即思考方式，截然不同。

這本書就是專門為以下讀者所準備的最簡單、最充實的中國說明書，包括質疑「中國到底在想什麼？」的同時也對中國人的腦感到好奇的人、雖然明白應該對中國有所了解卻不知道從何開始的人、只想投資三個小時就把中國相關知識融會貫通的人，以及看到頭疼的報導和生疏詞彙就感到厭煩的人。我一面思考什麼是讀者最需要的，一面提筆為文。身為韓國國內報導中國新聞最多的「中國通」記者，以在中國居住十多年的經驗為基礎，將有關中國的基本知識壓縮在一本書裡，並且一一闡述與當下中國經濟、政治、外交、社會、文化相關的核心問題。

看完這本書之後，大家可能會覺得中國是一個與我們大相逕庭的世界。即使如此，我也希望讀者們不要對中國所建構的世界單純地做出「不合理」或「糟糕」的評價，而是要從其內部和背景來理解為什麼這樣的世界會出現，以及由此產生的優缺點是什麼，這才是我們首先要思考的。最重要的是，不要一味地討厭中國。看到最近網上針對中國相關報導的留言，全都是可以歸納為「討厭中國」的厭惡文章。明明報導內容是站在客觀角度來描述中國，卻還是被貶為「親中派煽動」的情形，不計其數。從這一點來看，韓國社會試圖理解中國的努力似乎大大降低，令人感到遺憾。

筆者並非無法理解大家對中國的那種不舒服和避諱的心情，只是一旦對不同於自己的陌生事物開始抱持負面看法，必然會百般迴避。就算想要無視中國的存在，但中國距離我們實在太近了！我們周圍輕易就能見到來自中國的留學生或派駐職員，我們使用的產品中大多數都是「Made in China」。讀者目前任職或未來將任職的公司，或是公司的客戶，都很有可能與中國有關係。正如在二〇一六年的薩德（THAAD）事件（參見第三章〈有完沒完啊？中國的薩德報復〉）中所經歷的那樣，中國對韓國的影響不容小覷。另外，隨著未來美中衝突的發展態勢，韓國今後的發展方向也會有所不同，因此不可以停止努力去了解中國，也有必要探討中國為什麼要高聲吶喊「我們有自己的道理」。

為了節省篇幅，本書精簡了一些內容，只把不知不可的難懂內容以輕鬆的筆法寫出來，比起細膩精巧的表現，更傾向於明確的說明，也沒有冗長的敘述，只有簡明扼要的核心重點。因為筆者希望選擇這本書的讀者能夠以最輕易的方式盡快了解中國。

在過去的十多年裡，周圍的人老愛問我「為什麼中國要這麼做？」，問到我耳朵都長繭了。每次碰上這種情況，筆者就彷彿在擔任中國大使館發言人一樣，不停翻找資料，四處拜訪尋求答案。您現在手上拿著的這本書，就是筆者如此東奔西走，針對「中國為什麼要……？」的疑問長期思考的結果。希望讀者們也能夠透過這本書找到答案。

二〇二〇年秋末
李伐贊、吳京鈴

第1章

經濟

——中國要成為世界經濟中心！

01 沈迷於無人技術的中國

中國產業最火熱的關鍵字就是「無人技術」，目前中國無人餐廳、無人便利商店、無人倉庫等無人服務快速擴散中，無人技術是人工智慧與大數據等革新技術的集合，無人服務的增加代表中國的技術已經成長至全球水準。無人服務在阿里巴巴創辦人馬雲所主張的「新物流」（線上交易、實體服務體驗的新物流型態）中，也是核心技術，在中國以機器取代人類做單純反覆的勞動工作，儼然已逐步開始實踐。

無人技術可以用於何處？

在眾多的無人服務中，一般人最容易、也是最常接觸的就是「無人賣場」，從阿里巴巴、京東購物等物流業者，到華為一類的製造業，都相繼推出無人賣場。二〇二〇年一月一日華為在中國武漢推出第一家百分之百的無人零售店，這個二十四小時全年無休的賣場，以機器人手臂協助顧客，在顧客指出自己想購買的商品之後，機器手臂就會拿出該項商品給客戶。

在中國的各大都市也能輕易找到阿里巴巴與京東購物開設的無人便利商店，在這裡購物需要事先在阿里巴巴或是京東購物登錄臉部照片並且連結微信支付、阿里支付（支付寶）等付費方式，在進入便利商店的瞬間，入口設置的攝影機會辨識客戶臉部資訊，店內所有商品皆貼有無線電子條碼（RFID, Radio Frequency IDentification），只要客戶拿著想購買的商品經過裝設結帳系統的通道，通道兩側系統會啟動感應自動辨識商品與結帳扣款，如同客戶在自家冰箱拿出物品一樣，只要將商品取出放入包包，再走出來即可。根據市場調查公司艾媒（iiMedia Research），中國無人便利商店的規模可望在二〇二〇年成長至人民幣一兆八千一百零五億元。

從餐廳到飯店，滲入日常的無人技術

中國最大餐飲連鎖店海底撈從二〇一八年開始經營「無人餐廳」，客人用擺放於桌上的智慧平板點餐、機器手臂從維持攝氏〇到四度的冰箱中拿出食材，擺放至傳輸帶，再由內場智慧服務機器人將餐點送至客人桌上；京東購物營運的智慧餐廳則是由料理機器人依據既定的食譜料理食材。

另一方面阿里巴巴於杭州經營「無人飯店」，接待櫃台是以機器人取代一般員工，在入住手續辦理完成的瞬間，電梯已經準備好迎接房客，這是因為所有程序皆以網路連線之故，而智慧機器人也會為房客介紹飯店內餐廳或健身房等的位置。

六座足球場大的百分百無人倉庫

位於上海，由京東購物管理的百分百無人倉庫，約為六座足球場大（約一萬兩千一百坪），這座無人倉庫有三百台被稱為小紅人的機器人穿梭其中，依據包裝好的商品進行配送地址分類，從商品分類到包裝，在倉庫內工作的機器人，包含小紅人在內總共一千多台。

這些機器人根據京東伺服器的人工智慧命令行動，京東的人工智慧即時掌控網路訂單與倉庫存貨，透過六百八十億次的計算，算出小紅人移動的最佳路線，每〇・二秒確認三百台小紅人的移動路徑。運送機器人每秒移動三公尺，卻不會相互碰撞的理由在於：電腦計算好完美的移動路徑並下達指令。這裡每日出庫的包裹超過二十萬件，是同一規模人工倉庫能處理的十倍物流量。

新物流

阿里巴巴創辦人馬雲主張「新概念物流產業」，主要是線上交易、實體體驗服務的新物流型態。其中無人技術就屬可更快速、更多元的物流為其核心技術，中國科技業以無人技術提供多元服務，這可視為中國政府透過「技術崛起」培育的科技業，包含人工智慧、智慧機器人、人臉辨識、簡易結帳、大數據等的革新技術之大集合。

02 美國站住！我們也有機器人計程車

無人駕駛的機器人計程車，在中國已經不是遙遠未來的事情，中國大都市廣州、上海等地已經陸續推出會向乘客收費、無人駕駛的機器人計程車。全球無人車技術領先國家其實是美國，然而二〇二〇年因為新冠肺炎襲擊全球，導致美國測試中的無人車多數暫時中斷，部分業者還出現人員縮減政策。相反的，首先遭受新冠肺炎威脅的中國依然積極投入無人車試行服務的許可，進度已然超越美國。

自動駕駛計程車服務、機器人計程車

所謂機器人計程車就是車輛知道將乘客載往目的地的服務。無人車技術分成一到五個等級，其中機器人計程車是車輛搭載第四等級（駕駛介入最少的準完全自動駕車）以上的技術。

在中國廣州自駕車業者「文遠知行」（WeRide）測試中的機器人計程車，每日上午八點到晚上十點，涵蓋範圍達一百四十五平方公里。使用者就像叫一般計程車一樣，在應用程式輸入目的地後即可叫車，為了讓機器人計程車順利運行，裝設照相機、全球衛星定位系統，以及各種感應

作為車輛的眼睛，又為了預防試營運期間發生任何錯誤，讓駕駛一同搭乘，乘客上車後，只要按下車上螢幕的開始按鍵，車輛就會啟動，螢幕同時也會顯示周圍道路的即時路況，在車輛移動過程中會以「請移往第三車道，並於前方兩百公尺處右轉」等方式說明當下移動路徑。

最先在中國進行機器人計程車試行的代表企業是百度、吉利汽車、文遠知行、滴滴出行等，被稱為「中國Uber」的滴滴出行在二〇二〇年六月二十七日，開始於上海郊區試營運機器人計程車，在這之前，百度在同年四月於長沙、文遠知行則是在廣州市提供服務。

中國為何投資自動駕駛技術？

自動駕駛技術的關鍵是數據，無人車車輛能夠行駛在實際道路，必須累積一定時間與距離的數據資料，目前欲累積無人車商業化的企業，都會在試營運服務期間免費提供市民搭乘，其目的之一就是想要獲取更多數據資料。中國最先試行機器人計程車的文遠知行從二〇一九年十二月開始共提供八千三百九十六趟服務，總移動距離為四萬一千一百四十公里，當然這尚無法與谷歌（Google）子公司Waymo累積的測試距離（約三千兩百萬公里）相比，然而，中國企業暫時超越美國的試行服務，也是拉近與美國之間距離的一大嘗試。

不僅企業，中國政府為提供企業後盾，不斷放寬對無人車的法規限制與擴充基礎建設，無人車的新創公司小馬智行，也在二〇二〇年四月取得在北京市市內道路上，以一般市民為對象的無人車測試許可，這是北京第一次核發無人車測試許可；再者中國國土運輸部亦於四月二十八日著手計畫連結杭州市與寧波市之間一百六十一公里的智慧高速道路，這一條高速道路將設置5G無線網路建設與無人車專用觀測塔，預算為人民幣七百零七億元。中國正以上述大量的攻勢撼動無人車技術的版圖，因而可以預見不久的將來，美中之間的無人車技術競爭將是重要的戰場之一。

03 便宜到不行的中國5G

住首爾的上班族金秀敏每個月花在5G網路的通訊費用超過十萬韓元（人民幣：韓元匯率約一：一七三・五九，約合人民幣五百七十元），包含超過八萬（約合人民幣四百六十元）的5G月租費，以及購買5G專用的智慧型手機，須支付每月兩萬（約合人民幣一百一十五元）以上的分期付款。金氏說「首爾尚有部分地區無法使用5G，所以感覺很浪費」，但居住於北京的王某卻是截然不同的情況，同樣使用5G網路，他每個月的通訊費用卻不到人民幣一百一十五元，為何中國的5G費用能如此低廉？

5G智慧型手機人民幣九九九、月租費六十九？

以二〇二〇上半年度為基準，中國每月會推出兩、三台價格約人民幣一千一百五十元到一千七百三十元的低價5G手機，原本每個月人民幣一百一十元到一百七十元的5G月租通訊費用也降至每月不到人民幣一百一十五元。相反的，韓國5G智慧型手機價格約在五十萬（人民幣兩千八百八十元）到一百萬韓元（人民幣五千七百六十元）左右，通訊費用落在每月七萬（約合人民幣四百零三元）到八萬韓元（約合人民幣四百六十元）之間。是因為中國的5G智慧型手機與月租費便宜的關係嗎？二〇二〇年五月中國最具代表的通訊公司——中國移動與中國電信的5G使用者突破八千五百六十六萬名，同年四月韓國的使用者僅有六百三十四萬名，差距約十三．五倍之多。

在中國甚至於出現「5G千元機」（人民幣一千元的機型）的新造語，華為、小米、Oppo、vivo等中國最具代表性的智慧型手機製造商相繼推出價格低廉、普及可能性高的5G智慧型手機，因而稱呼這些低價產品為「5G千元機」。小米於二〇二〇年十一月推出的「人民幣九九九元最低價5G智慧型手機」是全世界最低價的5G智慧型手機，香港《鳳凰網》將這一局面摘要為「千元機的春秋戰國時代就此揭幕」，這類機種是三星電子高價5G智慧型手機的價格的十分之一，期待能在所得較低的中國二、三線城市引起一陣旋風。

二〇二〇年六月二十五日，中國三代通訊公司中國移動、中國電信、中國聯通的5G月租費

圖表｜韓國與中國5G使用者數的變化趨勢

（單位：每萬名）

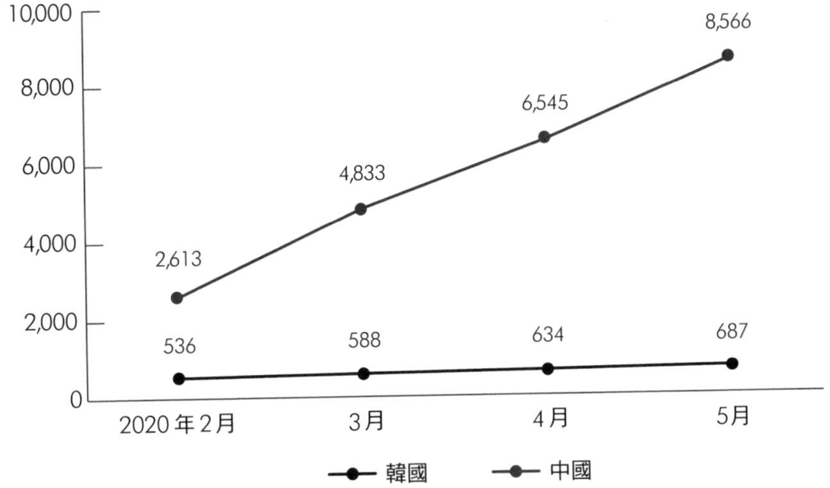

出處：韓國數據由科學技術資訊通信部統計、中國數據由中國移動與中國電信統計之合計

皆大幅調降，其中最低的是中國移動每月人民幣六十九元的5G月租費，之後的中國電信、中國聯通則是在九十三到一百零五之間，不過既存的5G月租費已經是相對便宜的人民幣一百一十五元左右，也就是兩萬韓元左右，所以再次調降約三〇%的月租費，促使5G使用者急遽增加。

中國執迷於5G低價競爭的原因

中國通訊公司如此展示低廉5G月租費的背景，是中國企圖以先占5G這項未來創新技術基礎，抱著成為第一名技術國家的野心，在5G市場上以壓倒性的用戶數為武器，一舉取得主導權。中國通訊產業不論是在

3G還是LTE階段都屬於落後國家，但5G時代就不同了，中國已經擁有華為與ZTE等掌握全球主要5G通訊裝備的公司，使用者增加會帶動該國的通訊公司、IT製造業者、軟體業者的快速發展，研發相關產品，累積5G「實戰經驗」，才能步入全球高水準企業之列，這也是尚未開始建置5G設備的多數國家無法跟上的技術，前後差異之大由此可見。

低價競爭的背後是中國政府

中國政府撒下巨額保證金推動「5G低價競爭」，5G基礎建設與中國政府的技術革新同為「新基建」政策的核心，同時計畫於二〇二〇年內建設六十萬個5G基地台，同年五月為止已經設立約十一萬個基地台，是韓國的六倍之多。

5G服務的低價攻勢與擴充基礎建設，讓中國實際上使用5G服務的人口比率迅速攀升，快於全球任一國家。根據全球移動通信系統協會（GSMA）預測，二〇二五年中國移動通訊服務的使用者中，將會有過半數都是使用5G服務。這就是為何有人擔心中國的迅速崛起會削弱韓國5G領先地位的原因。雖然目前全體移動通訊的使用者中，5G使用者的比重占一〇%，韓國是世界第一，規模上尚無對手能及，美國與韓國一樣從二〇一九年四月開始發展5G，不過使用者數依然少於韓國。日本基於「東京奧運特殊需求」而開始，卻因為新冠肺炎的原因使得5G後勢疲軟；歐洲的5G投資停滯不前，照如今趨勢延續下去的話，中國即將邁入遙遙領先的5G時代，而在下一個通訊服務6G的競爭上，中國持續大步往前走的可能性就極高。

新基建政策

二〇一八年十二月中央經濟工作會議中制定人工智慧、產業網絡、大數據中心為核心內容的「新型基礎建設」並依此執行的政策，二〇二〇年三月共產黨中央政治局常務委員會發表具體計畫，首重5G與網際網路、區塊鏈、通訊網路等最具代表性的新技術建構資訊基礎建設，以期順利建設一個以大數據與人工智慧技術運行的智慧城市，計畫據此取得科學技術領域全球霸主的地位。

04 移動十公分也能掌控的中國GPS

「目的地就在附近，導航結束。」

導航是如何知道我們的正確位置呢？這是託GPS技術之福，衛星接收到我們傳遞的訊號，計算出我們的位置。目前韓國廣泛地使用於車輛、海洋、航空等多樣領域之中，不過GPS的背後有一段難以想像的幕後故事，原先是冷戰時期的美國為了準確發射導彈設備而研發的軍事技術，美國發射了數十顆衛星，用以精準調整導彈的位置，而這項技術就是「衛星導航系統」GPS名稱的來源，就如同星巴克這個品牌成為咖啡代名詞一樣，美國的GPS成為衛星導航系統的代名詞，同時也因為美國免費提供全球使用GPS，各國都得以使用這項技術。

截至目前為止，除了美國，使用自主開發衛星導航系統的國家只有俄羅斯（格洛納斯系統〔GLONASS〕）、與歐盟（伽利略衛星〔Galilean moons〕），不過二〇二〇年六月二十三日，中國表示已經完成中國版GPS「北斗」衛星導航系統。

中國版GPS為何重要？

中國版GPS北斗

中國版GPS北斗

北斗的登場帶有極具重要的意義，因為中國再也不用依賴美國製造的GPS，試想若有一天美國阻斷中國使用GPS的話，無法得知正確位置與時間資訊的中國，社會就會瞬間陷入癱瘓狀態。事實上，一九九六年時，美國就曾因為中國與台灣的海峽危機而阻斷過中國的GPS，導致難以確認正確位置，使得中國軍隊訓練中的兩枚導彈發設偏離目標；而今就算美國阻斷GPS，中國也可以使用北斗來確認導彈的位置。同時中國境內的智慧型手機、無人自駕車、導彈等皆採用北斗，目前中國的智慧型手機已有約七成採用北斗，而火車、校車等也都已設置北斗衛星系統。

比美國GPS更卓越的北斗

北斗所提供的位置資訊區分為一般用與軍事用，免費提供的一般用北斗，其位置誤差約為五到十公尺，不過密碼

圖表｜GPS vs 北斗

	GPS（美國）	北斗（中國）
開發期間	15年（1978～1993年）	20年（2000～2020年）
衛星個數	31	35
軍事用位置誤差	30cm	10cm

化的軍事用北斗據悉是小於十公分，相較於美國軍事用的三十公分誤差還要準確。也因為有北斗的關係，中國於二〇一九年十月展示的軍用車輛五百八十台，其行進基準線沒有偏離左右一公分以上。

中國還提供軍事用北斗系統給與之親近的國家，擴展其影響力，同時免費贈送北斗系統給積極參與中國一帶一路的國家，以及在軍事上緊密合作的國家，其中中國的友邦巴基斯坦已於二〇一三年起免費使用軍事用北斗系統。

北斗

中國於二〇二〇年六月完成的自製衛星導航系統。衛星導航系統是發射人工衛星以獲取準確位置、時間資訊的系統，若沒有衛星系統，船舶、航空器的運行資訊、車輛導航、導彈發射、叫車系統等服務就無法使用。中國在歷經二十年的歲月終於完成「北斗」，成為繼美國、俄羅斯、歐盟之後第四個擁有自製衛星導航系統的國家。

05

月亮背面並沒有兔子

「登陸月球？很久以前美國不是已經登陸過了嗎？」

二〇一九年一月三日，中國的月亮太空梭登陸月球時，人們的反應是「這有什麼了不起的？」，因為人們認為美國早在五十年前的一九六九年七月二十一日就將阿波羅十一號太空船送上月球表面，不過對於中國登陸月球一事，美國航空暨太空總署（NASA）署長吉姆・布萊登斯坦（James Frederick Bridenstine）卻給予「人類史上最初、最驚人的成果」的極高評價。原因是什麼呢？

宇宙戰爭的勝利者是我！

中國的登月太空梭——嫦娥四號，是人類首度登陸從地球看不見的月亮背面，同時進一步的在月球表面待上幾週進行各種研究，對比中國的登月行動，一九六〇年代與一九七〇年代美國與蘇聯的登月行動，不過是單純的活動而已。

中國在月球上進行各種研究一事究竟帶有何種意義？那就是人類若想要挑戰更大的行動（登

陸更遠的行星），就要從基本功開始。將與地球較近的月球當成人類的「宇宙實驗室」，進行各種研究測試，月球上有許多比鑽石更珍貴的清潔燃料（氦—3）與稀土金屬（鈧、釔），而為了挖掘月球的寶藏，就必須進行更多研究。

中國的月球探測計畫，讓美國與中國之間的宇宙戰爭正式點燃，中國的月球探測計畫始於建造宇宙太空站「天空」，二〇二〇年七月將無人太空船送上火星，另一方面中國的追趕也讓美國開始緊張，讓本因耗費鉅資而逐漸延期、縮減預算的宇宙探查計畫又再次活躍。NASA發表將於二〇二四年完成將人類送上月球居住的專案計畫，這比原先的計畫提早了近四年。中國比美國晚了近四十年才擁有無人太空梭、月球探測器等，然而這原本相差甚遠的距離，而今卻逐漸縮小中，美國國會報告書中嘖嘖稱奇的指出「中國以不到二十年的時間追上美國四十年的成果」。

中國宇宙開發成功的秘訣

中國的宇宙開發從一九五〇年代後期毛澤東的「我們也要做人造衛星」的宣言開始，之後在一九七〇年四月首度發射人造衛星「東方紅一號」，不過中國宇宙開發正式點燃的契機是二〇〇三年成功發射太空梭之時。爾後中國政府以「二〇五〇年為止推動地球與月球的宇宙經濟權」為長期目標，每年投入人民幣百億預算發射火箭、補充人力。

中國僅在二〇一九年就發射了三十四次火箭，平均一個月會發射三次左右，多過於同年度美國發射次數的二十七次。中國最大國營宇宙企業——中國航天科技集團（CASC），光是員工就超過十四萬名，已達可與美國航空太空企業波音（Boeing）相抗衡的水準，中國投入宇宙開發的天文數字預算與人力的成果，而今開始逐漸展現，可預期往後也會持續這一趨勢。

嫦娥四號

二〇一九年一月三日，人類首度登陸從地球無法看見的月球背面的中國登月太空梭，以中國神話故事「嫦娥」命名，神話中的嫦娥因為吃了西王母的藥而從地球飛向月亮。

玉兔二號

嫦娥四號登陸月球表面後所放下的探測機器人，神話中當嫦娥飛向月亮時，懷中就是抱著玉兔，因而命名。

鵲橋

嫦娥四號與地球之間的通訊衛星，鵲橋是韓國人熟知「烏鵲橋」的中文名稱，因為月球背面通訊訊號難以傳遞，因此必須在中間點設置一個通訊衛星，該衛星極為重要，因為鵲橋同時也是嫦娥四號安全著陸的第一大功臣。

06 聽起來像「十億」的購物饗宴

人民幣九千六百七十四億元，這是二〇二〇年六月一日開始至六月十八日為止短短十八天內，由中國最具代表的網路購物公司阿里巴巴與京東購物創下的交易金額，即為了迎接六月十八日購物節「六一八」所達成的銷售量。六一八與每年十一月十一日的「雙十一」並列為中國最具代表性的網路購物節慶。根據韓國統計廳的資料顯示，韓國在二〇一九年全年度網路購物網站的交易金額為一百三十四兆五千八百三十億韓元（約合人民幣八千三百八十億元），而中國僅舉辦一次網路慶典活動就超過韓國年度的銷售紀錄，聽起來像「十億」的中國網路購物慶典，究竟是何時、如何開始的呢？

十一月十一日，為單身漢而辦的網路購物慶典「雙十一」

中國於每年的十一月與六月都會舉辦大型的網路購物慶典，其一就是每年十一月十一日的「雙十一」，另一個就是六月十八日的「六一八」。被稱為「光棍節」（單身節）的雙十一是接任阿里巴巴創辦人馬雲擔任首席執行長的張勇所籌辦的網路慶典，這裡有趣的是原本在韓國是將

Pepero（韓國常見的棒狀餅乾）送給心儀的對象，稱為「Pepero Day」，不過中國卻賦予這一天一個截然不同的意義，好似孤單站著、看起來很寂寞的數字「1」，就好像一個人沒有情人的樣貌，因而有了「光棍節」的說法，二〇一五年張勇在公司內部的演說中提出「中國原本在十一月沒有傳統的大型慶典，想在國慶日（十月一日）與年末之間，抓出一個時段，所想到的就是『光棍節』」、「單身者可以透過網路購物填補時間，這就是網路慶典的起始」。

事實上張勇是二〇〇七年以CFO姿態入主阿里巴巴，他認為「網路購物一定會持續成長」，所以在二〇〇九年一手攬下阿里巴巴網路購物部門淘寶的經營，當時淘寶的員工僅有二十名不到，業績不佳面臨解散的危機，而張勇不僅拯救了危機中的淘寶，還利用雙十一成功的讓自己的名字成為「中國代表網路購物慶典」的創始者。

六月十八日，懷抱著京東購物理想的慶典「六一八」

與雙十一並列兩大山頭的「六一八」慶典，其實是中國位列第二名的網路購物公司京東購物創立的紀念日。京東購物的創辦人劉強東在一九九八年六月十八日於北京中關村創立京東公司，所以京東購物的理想是「每年六月都是公司慶典期間」，之後每年的六月一日到十八日左右，京東購物都有自家的折扣活動，不過二〇一〇年代後期中國網路購物市場劇增，各個企業折扣戰打得火熱，京東購物固有的折扣活動的競爭對手有阿里巴巴、蘇寧等的折扣活動，最後所有主要購物網站決定攜手在六月初舉辦活動，也讓六一八成為中國另一具代表性的網路購物慶典。

超越想像的網路購物慶典規模

二〇一九年十一月十一日子時，雙十一慶典開始僅一分三十六秒，其交易額度就突破人民幣一百億，相較於二〇一八年的兩分鐘快了二十四秒，這一天阿里巴巴全日的交易額度比去年增加了二五・七%，來到人民幣兩千六百八十四億，同日京東購物則是在一天內寫下人民幣兩千零四十四億的交易額度紀錄。

網路購物慶典也讓韓國企業獲益不少，二〇一九年的雙十一，韓國主要化妝品公司的交易額度也出現大幅成長，超越過往的業績，雪花秀的「紫金線條禮盒」的預購開始不到三分鐘就突破銷售額，一天總共賣出二十四萬套；還有蘭芝的護膚精華乳液二十萬瓶、呂的滋養雲母也銷售了二十二萬瓶，LG生活健康的后、Sum37、Ohui等

圖表｜二〇一九年網路購物慶典當日交易額度

雙十一		六一八
阿里巴巴	創始	京東購物
人民幣2,684億元	阿里巴巴交易額度	人民幣1,700億元
人民幣2,044億元	京東購物交易額度	人民幣2,015億元

品牌也都比前一年雙十一成長一八七%，同時韓國家電、智慧型手機等科技產品也在中國網路購物慶典中取得不錯的佳績。

二〇一九年雙十一當日阿里巴巴每秒要處理的下單量達到五十四萬四千件，又一次刷新了二〇一八年每秒四十九萬一千件的下單紀錄，折扣會吸引數億人同時湧向購物網站，按理說會出現網站動彈不得或是無法正常下單的情況，但阿里巴巴卻從未出現過，甚至於出現這個網路購物慶典是為炫耀技術發展的「科技慶典」的說法。

事實上每年的網路購物慶典都是雲端（假想的儲存空間）、無人物流配送系統、ＡＲ（擴增實境）、區塊鏈等所有革新技術展現實力的時刻，雙十一慶典當日的通訊量會增加至平時的一百倍，所以阿里巴巴為了能在自家雲端中更快速的找到產品，開發應用了數據資料「Polar DB」，以及每一個晶片皆擁有十個ＧＰＵ效果的「含光８００」ＡＩ晶片。在服務面部分，提供了協助化妝品購物的「ＡＲ化妝」等的創新技術，對此《鳳凰網》的評價是「網路購物慶典是體現中國ＩＴ企業自我開發技術成果的測試平台」。

中國網路購物慶典

若說美國有「黑色星期五」，中國就是十一月十一日舉辦的「雙十一」（光棍節）與六月初持續到二十日左右的「六一八」。前者是中國最大的網路購物網站阿里巴巴從二〇〇九年開始舉辦的慶典，後者是目前第二名的企業，也就是京東購物開始在創辦日前後舉辦的折扣活動。慶典會吸引數億人同時湧入，在一小時內創下超過人民幣五十七億的交易紀錄，而能負擔龐大交易量卻完全不出錯，就必須動員尖端的技術。

07 馬雲不是中國首富？

騰訊創辦人暨執行長馬化騰再次超越阿里巴巴創辦人馬雲，成為中國首富❶。在二〇二〇年四月二十七日《富比士》全球億萬富豪排行榜的即時順位，馬化騰共有四百五十八億美元的財產，比馬雲的四百一十九億美元還多，不過根據《富比士》在二〇一九年十一月發表的「二〇一九年中國富豪排名」，馬雲是第一名、馬化騰是第二名，不過為什麼能在短短幾個月中就讓排名出現逆轉呢？

登上中國首富的馬化騰執行長是誰？

改變富豪排名是因突如其來的新冠肺炎，使得騰訊的股價急遽上漲，騰訊的主力是遊戲、社群軟體等非面對面事業，因為疫情讓所有非面對面的服務需求往上飆升，公司的股價也在一個月內上漲二五%，所以持有騰訊股份八%以上的馬化騰執行長的財產評價才會瞬間增加了人民幣五百四十二億元。

出生於一九七一年的馬化騰，成長於被稱為中國矽谷的深圳市，其父親曾任深圳航運總公司總經理、深圳鹽田港集團副總經理等，金湯匙出身的馬化騰是一位科技明星，從就讀於深圳大學電腦工程學系起，就是一位出名的天才程式設計師，大學畢業之後在微軟擔任開發工作並準備創業，一九九八年與大學同學一同創立騰訊，騰訊創立僅三個月，就推出中國最多人使用的即時通訊軟體之一的「QQ」，引起一陣炫風，其後引進外國成功的經營模式並加以中國化，迅速累積鉅額財富。

❶ 二〇二一年四月十二日《富比士》全球億萬富豪排行榜即時基準，農夫山泉董事長兼總經理鍾睒睒位居第十八名、馬化騰第十九名，馬雲第二十六名。

騰訊如何變成怪物企業？

若說美國有臉書的話，中國就有一九九八年創立的騰訊。騰訊最初提供的服務是一九九九年問世的以桌上型電腦為主的即時通訊軟體QQ，迄今依然有七億名使用者的QQ是中國最具代表的即時通訊軟體；二〇〇五年還創立了數位音源服務「QQ Music」，當時的中國是非法盜版音樂的天堂，而騰訊建立了販售部落格背景音樂的策略也大獲成功。

二〇〇七年開始，騰訊陸續投入大小不定的金額在主要遊戲公司上，進口包含Neople的地下城與勇士（Dungeon & Fighter）、SmileGate的Crossfire、NCsoft的劍靈（Blade & Soul）等韓國知名遊戲，這些遊戲風行中國，讓騰訊後勢不斷看漲，也讓騰訊保有全球大型遊戲公司的股份，不但全數接收以「英雄聯盟」出名的美國銳玩遊戲（Riot Games）的股份，還分別持有四〇%的美國Epic Games以及過半數八四%的芬蘭超級細胞（Supercell）的股份。騰訊也是CJ Netmarble的第三大股東，與以「絕地求生」出名的KRAFTON與Kakao的第二大股東，在不斷的累積之下，騰訊穩坐全球遊戲市場的第一名。二〇一一年推出手機即時通訊軟體微信，其後就如同韓國KakaoTalk一樣，以即時通訊軟體為中心創立平台提供手機結帳、遊戲、雲端等多元服務，現在微信的使用者人數已達到十二億名。

因新冠肺炎走紅的企業

騰訊因為新冠肺炎而益發強大，在新冠肺炎肆虐前的二〇一九年十二月推出的視訊會議系統「騰訊會議」因而瞬間大紅，騰訊會議啟動服務的同時，成為中國擁有最多使用者的視訊會議系統。

一年銷售規模達人民幣兩千七百億元的遊戲產業也獲益，皆是受惠於新遊戲人口逐漸增加，遊戲時間、消費規模擴大，主力事業微信也因為中國政府需要確認動線之故而強制推動使用「電子通行證」（健康碼），使其身價水漲船高；集中投資的遠端領域則是擴及至遠端工具、線上教育，各項需求逐漸增加，可說騰訊投資的所有公司都有好的發展，騰訊同時還是中國遊戲直播服務平台虎牙直播、中國最大直播平台鬥魚與中國新興網路購物拼多多的主要股東。中國經濟媒體《證券時報》說「騰訊在疫情最嚴重的三到四月之間，最少投資了二十個企業」，並指出騰訊是「新冠肺炎時代中逆向成長的公司」。

阿里巴巴

阿里巴巴占中國整體線上交易的八〇％，是中國最大的電子交易公司，每日有一億名用戶使用阿里巴巴，中國國內郵件包裹七〇％都是透過阿里巴巴相關公司交易，引領著阿里巴巴購物、淘寶、阿里支付、天貓、文化中國傳播集團。

騰訊

騰訊與阿里巴巴同為中國最大網路公司，從一九九八年推出以桌上型電腦為基礎的即時通訊軟體QQ，到擴及至遊戲、結帳、金融、保險等領域，二〇一一年推出堪稱「中國版KakaoTalk」的微信，二〇一三年推出與微信連結的小額結帳服務微信支付後逐漸站穩地位，以二〇二〇年九月為基準，騰訊的市價總額是韓國股票市場第一名三星電子的兩倍之多。

08 中國的「愛錢」

二〇一九年二月中國有個都市的購物商場毫無預告出現一個禮盒，禮盒的包裝紙拆開後，出現一台保時捷，該車後方的粉色牆寫著「某某某，請嫁給我」的求婚字句，購物中心三樓飄出數千顆紅色氣球。有位男性將購物中心的部分空間租下進行求婚儀式，來到這座購物中心的客人都感嘆於「這是我看過最盛大的求婚」。

一位派駐中國的大企業員工說「中國人認為美麗的基準是盛大、華麗、昂貴」，最喜歡的顏色是紅色與金色，紅色是中國喜慶時常用的顏色，金色則是象徵皇族與富裕，三星電子等ＩＴ設備製造公司瞄準中國市場時，也都會另行推出金色、紅色的智慧型手機，究竟中國人為何如此喜愛追逐「富裕」呢？

深陷拜金主義的中國

今日中國人將富裕視為美德的背景在於過往被撕裂的貧窮歷史，曾經是世界中心的中國，從鴉片戰爭開始就無法阻止外國勢力侵略而歷經恥辱的現代史，二次世界大戰後毛澤東激烈的社會主義路線統治，導致數年間全國陷入飢饉之中，改革開放之後中國經濟開始快速發展，中國統治階層積極目標不是別的，就是要「找回過往榮耀」，所謂過往榮耀，需要回溯到鴉片戰爭之前，中國接受鄰國朝貢，處於世界文化、資源與經濟中心的那個時期。

中國找回過去榮耀最佳的方法應該就是經濟成長。被批評為「獨裁國家」的中國，不可能像民主國家一樣建立自由、平等、民主主義理念的社會，為了成為傲視全球的富國，中國政府集中發展國民的經濟活動與累積財富，限制個人政治自由與發言權，但盡可能地不干擾賺錢的事，甚至於出現「創造物理價值（賺錢）就是愛國」的口號，因此中國社會漸漸認為錢才是萬能鑰匙，賄賂文化自然而然根植於整個社會，為了賺錢可以毫不猶豫製造假酒、假雞蛋、假食用油等，以國家為單位的大型都市開發項目開始後，很多人一夕之間致富，中國稱呼這些人為「暴發戶」，而這一世代父母的孩子，出生於一九八〇至一九九〇年代，其花錢能力大過於存款能力，所以在名牌市場的消費毫不手軟，也不令人驚奇。

當然中國政府也沒有放任這一現象持續發展，當達成某種程度的經濟充足後，下一階段該積極清除備受先進國恥笑的低俗文化，中國政府歷代官僚反貪腐、或是強調正直、樸實的價值也是基於這一原因。

孕育「愛錢」的中國富豪

熱愛金錢只有壞處嗎？並非如此，畢竟以成功與經濟自由為目標的年輕人會大舉挑戰創業，積極走入勞動市場也是事實，特別是在中國GDP年度成長一〇％以上、急速成長的二〇〇〇年初期，這種現象十分明顯。當時創業的年輕人如今都位列中國富豪榜。

那麼中國富豪有哪些人？原本提到中國富豪就會想到萬達集團的王健林董事長，王健林董事長的財產一度達到人民幣兩千五百億，他是不動產巨頭，以不動產開發、電影院、購物中心等累積財富，但如今局勢正在改變，「數位時代」開啟，科技產業逐漸取代實體產業，二〇一九年騰訊的馬化騰、阿里巴巴的馬雲等科技業創業者在中國名列富豪排行榜一、二名，長久以來維持第一名的富豪王健林，其財產相較於二〇一八年縮減一二％，退到第二十三名❷的位置。

暴發戶

指稱突然之間坐在錢堆上的人，一九七八年中國改革開放後，國家經濟快速成長之際，掌握機會累進財富的人，就是代表性的暴發戶。他們當中多數在幼年時期歷經文化大革命，無法接受正規教育，所以「暴發戶」一詞又帶有「文化素養低、只知道錢的人」之意，多屬於貶義詞。

09 美金時代結束了？建立數位貨幣王國的中國

上班族盧現金在十年前去社區超市買菜時，都會帶著裝有現金與信用卡的皮包，但最近不同了，不論去到哪邊，只要用手機的簡易結帳功能就可以結帳，盧現金說「他已經超過一年沒帶

❷ 二〇二〇年由於新型冠狀病毒大流行，王健林的房地產和影視事業都急遽下降，因此跌出了富豪榜（截至二〇二一年四月本書中文版出版前資訊）。

錢包出門了」。而中國比韓國更早進入無現金（cashless）社會，最具代表性的簡易結帳應用程式「微信支付」與「阿里支付」（支付寶）的使用者開始增加，中國還計畫更進一步選定中央銀行，將一部分現金轉換為「數位貨幣」。

數位貨幣重要的理由

中國準備中的數位貨幣預期是部分活用區塊鏈技術，不過這種數位貨幣與以虛擬貨幣聞名的「比特幣」從起點就不同，若說虛擬貨幣的核心是脫離既存中央銀行系統的話，中國的數位貨幣則是由屬於中央銀行的人民銀行直接發行，由中國四大國有商業銀行（工商銀行、農業銀行、中國銀行、建設銀行）與三大移動通訊公司（中國移動、中國電信、中國聯通）共同經營。與即時價格變動的虛擬貨幣不同，中國人民銀行發行的數位貨幣是以銀行的資產作為擔保維持「一人民幣等於一數位貨幣」的價值，中國從二〇一四年開始做相關研究，直到六年後的二〇二〇年四月才初次公開數位貨幣的計畫。數位貨幣設計成不需要銀行帳戶，直接儲值在智慧型手機，透過簡易匯款與結帳方式使用，在數位貨幣專用應用程式的畫面，能看到「碰一碰」的功能，不需要透過網路連結，只要利用智慧型手機以觸碰的方式結帳即可。二〇二〇年十月中國政府選定深圳市五萬名市民，支付每人人民幣兩百元的數位貨幣，這一貨幣可以在麵包店、藥局等當地共三千三百八十九個實體店鋪使用，這是由國家主導的數位貨幣首度出現在我們眼前，這一貨幣的正式名稱為「數位人民幣」。

全球主要國家都因中國發行數位貨幣而繃緊神經，原本我們生活的世界是以美元為核心的金融秩序，但中國顛覆這項「傳統」，想建立以中國人民幣為核心的金融秩序。舉例來說，中國向非洲等與中國友好的國家提供數十億美元規模的援助或是貿易時，不使用主要通用貨幣美元，或透過國際貨幣基金（ＩＭＦ），而是以數位貨幣支付，這是因為中國想讓自家的數位貨幣通行全球，進而首先推動可通行的基礎建設。當這類案例愈來愈多，產生以人民幣為中心的新金融圈也並非不可能。

中國數位貨幣成長帶來的骨牌效應

不久的將來在中國可能在搭乘共乘車或計程車時使用數位貨幣，目前中國最大的車輛共享企業滴滴出行正與政府協商數位貨幣業務，再者中國預計從二〇二〇年五月開始在蘇州市、深圳市、雄安市、青島市等地以數位貨幣支付五〇％的交通補助金給當地公務人員，以及以區為單位的公家機關員工，目前可預期在二〇二二年北京冬季奧運時，即將全面採用數位貨幣。

對於中國的挑戰，美國是如何應對的呢？目前尚未看見美國以政府資源發行數位貨幣的跡象，不過美國科技巨頭臉書率先行動，臉書預備在全球主要國家推行官方數位貨幣與即時交換的加密貨幣，二〇二〇年四月十六日，由臉書加密貨幣「libra」引領的Libra聯合揭露「計畫發行分別與美元、歐元、英鎊等連動，並可與各國數位貨幣自由交換的穩定幣（stable coin：價格不變的虛擬貨幣）」，也就是英國英鎊與美國美元可隨時換成libra，如同使用現金一般。二〇一九年十月臉書副總裁大衛・馬庫斯（David Marcus）表示：「美國若不快點因應這一情況，五年後將是『數位人民幣』支配的時代」。

中國的攻勢也讓其他國家逐漸改變對數位貨幣的態度，韓國銀行到二〇一九年為止都認為不需要投入數位貨幣的領域，因為韓國信用卡與線上簡易結帳系統相當完備，然而近來卻一改初衷，在二〇二〇年內完成官方數位貨幣實現的技術，預備來年試行。歐洲中央銀行（ECB）直到二〇一九年為止都對數位貨幣採行批判的態度，近來開始與日本、加拿大、瑞士等主要國家的中央銀行一同推動數位貨幣共同研究協商體制。

10 為什麼中國老人有錢卻用不了？無現金社會

中國網站上傳了一段手裡拿著現金哭泣的老奶奶的影片，老奶奶說道「來到手機店想要付手機費用，但他們不收我的錢」、「這樣我接不到兒子的電話」，為什麼老奶奶不能支付呢？這是因為手機店不收現金，僅收手機支付，而老奶奶哭著說「我不會手機支付」。

在中國連乞丐都用手機支付行乞

在中國手機支付非常普遍，所以讓熟悉現金卻不熟悉智慧型手機的老人相當痛苦，中國大多數店家都已掛出「不收現金」的告示牌，僅接受手機支付，這種現象在餐廳、速食店、加油站等各種營業場所都有，商家因擔心偽造貨幣，以及為了銷售管理方便、減少雇用人力等因素，讓目前擁有十四億人口的中國，使用手機支付的人已經超過十億。

然而在中國，每十位老人只有不到一位老人使用手機支付，中國社會科學院在二〇一八年發表的〈中老年層網路生活研究報告〉中指出，中國六十歲以上老年人口兩億四千零九十萬位中，僅有兩千萬名（八％）是手機支付的使用者，不會使用手機支付的中國老人，在攔計程車或是進入店家時，都會先問「收現金嗎？」，也完全不會進去僅收手機支付的付費停車場，而計程車雖然會收現金，但大部分計程車都是搭載透過叫車服務與綁定結帳的客人之故，多數司機也都沒有零錢。

對老人的歧視，中國該如何因應？

二〇一八年九月，一位六十七歲的老爺爺在超市搶走一串葡萄，老爺爺因為想買葡萄而要支付現金，但卻被店家拒絕，所以老爺爺生氣地拿了葡萄就跑，被員工抓住的老爺爺嚎啕大哭的說：「我的錢不是假的，為什麼因為我老了就要侮辱我！」二〇一八年十二月，中國某大學前販售章魚燒的八十歲老人，因為採用微信支付而損失大半營業額，因為學生明明購買的是人民幣七元的章魚燒，卻在微信支付上使手段僅支付人民幣〇・一元，微信支付結帳時，是客人拍下店家的QR Code之後輸入金額，但對於微信支付較生疏的老人就因不知道這個程序而受委屈。

中國當局對於拒絕老人現金支付的社會問題進行取締，中國中央銀行的人民銀行警告「任一個人、團體皆不得拒絕現金支付」，並在全國取締停車場或餐廳等六百零二個地點，北京師範大學國際金融研究院院長賀力平在訪談中指出「無現金的手機支付對老人的歧視與隔離」、「政府若不強制現金流通，往後會付出更大的社會代價」。

阿里支付（支付寶）、微信支付

中國兩大手機支付服務，手機支付就如同KakaoTalk支付一般，採用智慧型手機應用程式支付費用的方式，支付寶由阿里巴巴經營，微信支付則是由騰訊經營。

11 我們也有那斯達克

二〇一七年七月二十二日上午九點三十分，中國最大股票市場的上海證券交易所中，被稱為中國版那斯達克（NASDAQ，美國技術專業股票市場）的「科創板」（科技新創板塊）正式上路。在國家主席❸習近平的指示之下，成立專屬於新創、革新技術相關企業的證券市場，在科創板上市的半導體材料企業安集科技的股價，在交易開始不到一小時內就創下比公開招募時暴漲五二〇%的人民幣二四三・二元的驚人紀錄，同一天的科創板總共有十五家企業上市，第一個交易日的股價平均上漲一四〇%，掛牌首日就寫下各項紀錄。

❸國家主席：中華人民共和國主席簡稱，根據《中華人民共和國憲法》為中國進行國事、外交活動的虛位元首，與最高國家權力機關——全國人民代表大會（簡稱「全國人大」，參見第二章〈中國最忙碌的月份，三月和十月〉）常務委員會常委會聯合行使職權。國家主席由全國人大選出，原為五年一任，不得連任超過兩屆，二〇一八年第十三屆全國人大通過《中華人民共和國憲法修正案》，決定取消連任次數限制。現任國家主席為二〇一三年上任的習近平（二〇一八年連任）。

中國要創建那斯達克的理由

迄今為止，中國新創不論在本國有多成功，都會選擇在美國上市。事實上阿里巴巴、百度、網易、京東購物等中國科技巨頭都在美國上市，目的是透過在大型股票市場上市，募集更多企業經營的資金。他們選擇在美國上市而非中國的原因很簡單，因為封閉的中國證券市場在外國人投資的部分不如美國自由，所以流通的資本額度也相對少很多，在中國上市必須先獲得政府的許可，而這一許可可能要耗時長達兩、三年。因此備受國際投資喜愛的企業才會紛紛前進海外，對於中國政府而言，若想讓這些公司留下來壯大本土證券市場，就必須創立中國版那斯達克——科創板。

科創板上市的要件打破常例，上市要件之一的公司存續時間從既有的數年大幅縮減至數月，只要符合要件，赤字企業也可以上市，這在上海與深圳的證券市場是不可能的事情。再者與中國證券嚴格的企業首次公開發行（IPO）「許可制」不同，首度採行「登記制」的方式，完完全全依

圖表｜股價走高保證的科創板上市

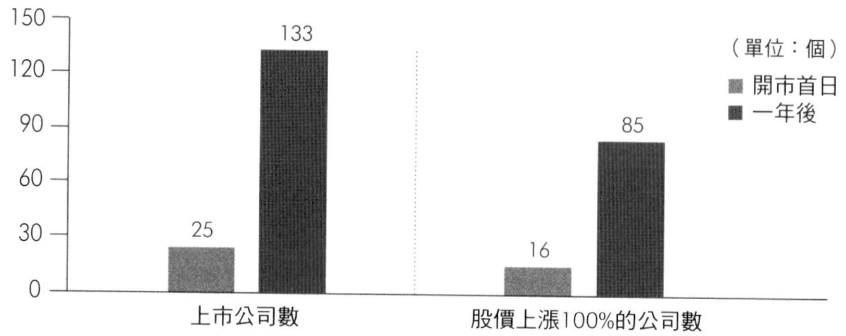

出處：上海證券交易所

循美國那斯達克，展現出中國政府決心要中止BAT（百度、阿里巴巴、騰訊）等主要技術公司在美國證券上市的慣例。

科創板是股價走高的保證？

二〇二〇年七月八日，中國代表半導體代工廠中芯國際（SMIC）在科創板上市，目前為止在科創板上市的公司中屬於「最熱門」，中芯國際在美中貿易戰中，被視為中國半導體能夠自給自足的唯一希望，雖然相較於世界第一名的台積電來說，中芯國際的技術力尚落後一大截，不過中國政府計畫在短時間內將其培育成世界第一，這一次在科創板上市的中芯國際，募集到人民幣五百多億的資金，可說是一大成功。

以二〇二〇年六月二十八日為基準，科創板已經有一百一十五家企業上市，其中醫藥生物領域有二十四家最多，電腦相關有二十三家、機器設備二十家、IT十八家、能源材料等十一家，整體時價總額到達人民幣一兆七千二百億。科創板在二〇二〇年七月二十二日迎接開市一週年，根據上海證券交易所資料，目前為止在科創板上市的企業當中，其股價比上市首日上漲兩倍的企業有六十二間，占整體的過半數水準，由政府主導的「中國版那斯達克」是讓科技公司股價走高的保證。

然而就算是發展相當良好的科創板，也無法避免中國政府巨大的影響力，「阿里支付」的經營公司螞蟻集團（阿里巴巴子公司）計畫在科創板上市，然而馬雲在一場演說時批評中國的金融規範過於老舊是一大問題之後，在其預定上市的十一月三日的前兩天就暫停上市，中國政府創建科創板，成為看似奉行自由市場主義政府的最少介入、卻依然沒有放下主導權的一個案例。

科創板（科技新創板塊）

英文名稱為STAR, Sci-Tech Innovation Board，新創市場，如同該名稱所指，科創板是為了新創公司培育成「star」的證券市場，特色是放寬上市條件，政府最少量干涉。習近平在二〇一八年十一月指示「追加開設如同美國那斯達克科技新創專用證券市場」之後，僅用兩百六十天的超快速度就在上海證券開市，在往後會更形激烈的美中貿易戰中，科創板可望成為中國科技公司順利募得資金的一大管道。

12 對中國錢說不的國家

二〇二〇年新冠肺炎導致全球企業活動減少並進入停滯期，「黑天鵝效應」（指難以預測，但一旦發生會為市場帶來強烈衝擊的事件）讓企業史無前例的進入財務緊縮狀態，部分企業大規模裁員，原本實力雄厚的企業因這個突發事件而動盪不安，在當中最忙的人是誰呢？他們都是覬覦著以低價收購未來有潛力企業的中國「大腕」。中國最先經歷新冠肺炎疫情，也最先找回秩序，所以以其雄厚資本瞄準動搖的全球企業也不稀奇。

瞄準中國企業與牽制中國錢的國家

以抖音（TikTok）站上全球科技產業的中國字節跳動，在二〇二〇年初與高盛、Falcon Edge Capital共同投資印度高人氣應用程式「Dailyhunt」兩千三百五十萬美元。繼二〇一六年募資兩千五百萬美元後，又進一步增加股份，攻占十三億人口的新聞搜索市場。有「中國巴菲特」之稱的復星集團會長郭廣昌，也是透過子公司以人民幣兩億一千萬收購法國珠寶品牌DJULA的五五・四％的股份。

中國從二〇一三年開始大舉增加對外援助與投資，對外直接投資的規模在二〇一六年達到最高值的一千九百六十一億五千萬美元，之後的投資規模雖然有所縮減，但持續維持在一千一百億美元的水準❹，這些錢會用於收購合併民間企業，也會用於投資部分國家的核心基礎建設。

中國資本的動作，使得世界各國領袖緊張，生怕一個不小心就讓本國潛力股流往中國企業，變成別國所有，因此世界主要國家制定大規模外國投資限制，用以牽制「中國錢」（CHINA MONEY）的攻擊，以新冠肺炎為始點，一股反中聯盟生成的態勢，藉由「嘗試脫離中國資本」表現出對中國資本的不安。

為了防堵中國資本，世界各國政府逐漸提高外國資本的門檻，例如二〇二〇年四月八日，德國政府發布限制方案，非歐盟會員國的其他國家若要投資德國企業，政府會透過審查，檢視外國資本是否包含禁止投資內容，對於外國資本投資的審查範疇加寬，原本僅會針對

圖表｜全球反中國錢策略（二〇二〇年為基準）

主體	對策
澳洲	外國資本收購合併與投資提案須無條件進行審議
德國	外國資本投資尖端科技公司達股權10%以上時，必須經由政府審查
歐盟	建議增加歐盟會員國的持股，以免中國收購歐洲企業
北大西洋公約組織	建議中國不要趁新冠肺炎之際收購股價下跌的企業
印度	與印度國境相鄰國家欲投資時，需有政府核可

公共部門或國家安全部分「確認有實際危險之情況」進行審查，而今「有危害可能性之情況」也必須進行審查。特別是人工智慧或半導體等尖端技術領域，新增若外國資本投資超過一〇%以上時，政府就必須介入的條文。

澳洲也在二〇二〇年三月開始，要求外國資本主導的收購合併提案，必須經過「外國投資審查委員會」（FIRB）的審查，這一規範原先僅限於十二億澳幣以上的收購合併案。印度也有相似的對策，印度商務部在二〇二〇年四月十八日發布「與印度國境相鄰國家的海外企業投資印度時，必須經由政府核可」的新投資政策，然而與印度國境相鄰的國家中，擁有經濟能力且大規模投資的國家也只有中國，所以也有分析指出印度政府事實上是推出「中國企業投資禁止政策」。

❹ 資料來源為中國商務部、國家統計局、國家外匯管理局共同發表的〈二〇一七年中國對於直接投資統計報告〉。

13

中國版星巴克為何會隕落？

二〇二〇年四月二日，在美國那斯達克上市的一家中國品牌咖啡股價終場狂跌八五％。因為瑞幸咖啡（Luckin Coffee）發表該公司COO劉劍在二〇一九年膨脹造假銷售業績的事實，聽到這一消息的投資者接續出現「恐慌性出售」（panic sell），前一日以二六・二美元收盤的股價，一度跌至四・九一美元，而根據瑞幸咖啡自主調查結果顯示，二〇一九年第二季到第四季之間，虛偽記載的銷售額達人民幣二十二億元。目前為止瑞幸銷售的業績中，過半數都是「虛構」，因此不到三個月的六月二十九日，瑞幸咖啡收到那斯達克證券交易所停牌下市通知，中止交易。

被逐出挑戰星巴克行列的瑞幸咖啡

藍色為底、白色馴鹿為吉祥物的瑞幸咖啡，在沒有本國咖啡品牌的中國，以「打敗星巴克」為口號，於二〇一七年十月如彗星般登場，創辦人錢治亞是畢業於武漢紡織大學、北京大學EMBA的女性CEO，創業前曾任中國車輛共享公司神州優車的COO。

瑞幸咖啡以愛國主義行銷策略與超級折扣政策，從二〇一九年十二月開始到二〇二〇年四月為止開設四百家門市，期間銷售量突破三百萬件，創業不到兩年的二〇一九年五月成功在那斯達克上市，上市第一天股價比公開招募時上漲五三％，眼見為憑的「暴風成長」使得無人懷疑公司公告的「二〇一九年第一季到第三季為止達成人民幣二十九億兩千九百萬元」。

因過度競爭而殞落

儘管如此，中國新創產業卻認為「瑞幸咖啡的隕落是意料之中的事」，這段時間為了在星巴克等外國知名咖啡品牌的競爭下生存，只能濫發流血般的折扣券、提供追加少許費用就會在三十分鐘內將咖啡送到府的服務，但完全無法反映在收益上。以在中國上海居住的上班族A為例，早上去公司上班前，利用瑞幸咖啡的應用程式下單一杯定價人民幣二十四塊的美式咖啡，使用前一天收到的八二％的折扣券之後，一杯咖啡僅需四塊人民幣，再加上配送費人民幣六塊的話，只要人民幣十塊就能喝到一杯由配送員送達公司門口的熱騰騰咖啡。該價格不用說配送員的人工費用，連咖啡原豆的原價都不夠支付。過去這段時間瑞幸所拿到中國與新加坡主權基金、美國貝萊德投資管理公司等高達數百億人民幣的投資，全數揮霍殆盡之後，只能虛假擴張。

瑞幸會計造假事件讓在美國上市的中國公司面臨信任危機，中國企業的股價如雪片般應聲下跌，美國參議院「絕不容許以詐欺方式擴大支配力的中國企業」，並一致通過「外國企業問責法」，本法案核心內容為「任一在美國上市之企業，若連續三年無法通過美國公眾公司會計監督委員會（PCAOB, Public Company Accounting Oversight Board）審查時，禁止上市」，路透社報導指出「本法雖適用於所有外國企業，但事實上就是瞄準中國企業」。

會有第二個瑞幸嗎？

中國大型入口網站公司新浪以「下一個瑞幸」點名中國第三大電商拼多多與中國電動車製造新創公司「蔚來」，兩間公司都像瑞幸咖啡一樣，耗盡無數投資金以壯大企業，且在無法有正常收益的情況下，在美國股票市場上市。同時也指出，中國新創產業的影片公司愛奇藝（二〇二〇年第一季淨損人民幣七十八億）、新聞資訊閱讀平台趣頭條（第一季淨損人民幣五十二億一千六百萬）等企業也屬於危險名單。對於這些企業的質疑愈來愈多，也可能會讓他們愈來愈難以吸引新投資者，而進入持續燒錢卻無法維持企業營運模式的處境。

瑞幸咖啡（Luckin Coffee）

中國版星巴克，曾經是備受矚目的中國特許經營之本土咖啡品牌，自從被揭露超大型會計造假之後，在那斯達克上市不到一年就被停牌下市，以人民幣數百億資金為本濫發折價券與提供配送服務，如今面臨消失在歷史洪流的危機，而「瑞幸會計造假」事件成為美國強化限制在美上市的中國企業的決定性關鍵。

14 從獨角獸企業變成都市垃圾的黃色自行車

二〇一八年十二月十七日一大早，聚集科技業與新創辦公室的北京中關村網絡金融中心大樓前，排隊人龍綿延不絕，他們的目的是要向總部位於五樓，在當時名列世界第一名自行車共享公司ofo，要求退還保證金。中國官營媒體《新華網》報導指出「ofo退還保證金的業務已經拖延了三個月」、「甚至於已經有謠傳ofo已經向法院申請破產，才會讓使用者不安的蜂擁而上的群聚到公司總部」。

ofo，輕易成為獨角獸

ofo創業僅兩年就成為獨角獸（指成立不到十年，但價值超過十億美元的未上市企業），被視為中國共享服務新創公司的象徵，中國作為一個以自行車作為上下學、上下班交通工具的人口大國，與多山的韓國不同，其平原地形非常適合騎自行車，因此ofo以每小時人民幣一塊的超級優惠價格提供共享自行車的服務，瞄準中國市民熱愛自行車的ofo，瞬間吸引許多使用者，不論何時都能租借使用、使用完畢後只要放置在城市任一處即可的方式，非常方便，讓ofo經營的黃色共享自行車數量急遽增加，中國都市隨處可見數十台自行車就這樣放在城市中。

成為巨大獨角獸企業的ofo的登場聲勢並不浩大，二〇一五年當時仍是中國北京大學學生的創辦人戴維，與兩位同學開始在校內進行自行車共享事業，僅僅三年不到的時間，從小小的事業擴張為全球性事業。相當看好該事業擴張性的阿里巴巴與滴滴出行總共投資了十一億五千萬美元，使得ofo的企業價值一度上升為三十億美元，ofo因有投資而充滿動力。

不僅在中國主要城市設點，還進軍包含韓國釜山在內等全世界二十一個國家，成長為擁有兩億名會員的公司。

具潛力新創產業隕落的原因

ofo依據加入會員的時間點不同而收取每位會員人民幣九十九到一百九十九元不等的保證金，這是為了防止共享自行車遭竊的風險管理方式。如果使用者申請退出會員，原先繳納的保證金會在兩週內退回會員的帳戶，然而在使用者湧入總部前一週左右，社群網路就已開始瘋傳「ofo不能退還保證金」的說法，同時大家也知道與ofo有契約關係的九家自行車製造商也因為收不到錢而提告，甚至還有ofo要跟投資者阿里巴巴借人民幣六千萬才能支付員工薪水的流言。

事實上ofo隕落早已是預料中的事，保證金事件爆發一年前開始，ofo就因為受益架構不透明而難以持續獲得投資，這時就已經出現「危機論」，所以在投資金額全數用罄、財務出現困難的當下，ofo開始與阿里巴巴等各個企業協商變賣，然而該企業價值確定僅剩全盛時期一半的十七億美元，最終沒能談成交易。

ofo最大的問題就是沒有收益模式，為了極大化使用者而降低使用單價的方式反而成了毒藥，而在自行車車身貼上廣告，每台可以收益人民幣一百六十元的廣告收益模式卻因為中國政府的法規而無法延續，自行車製作與營運初期的花費相當大，所以無論收費會員如何增加，都無法有正常收益，事實上ofo到二〇一八年六月為止累積的赤字高達人民幣六十四億九千六百萬元。

淪落為都市垃圾的黃色自行車

二〇一八年隕落的ofo現今已宣告死亡，但到目前為止中國各地隨處可見的黃色自行車，沒有平台可以使用，在長期疏於管理的情況下，坐墊掉落、輪子剩一個的自行車比比皆是，如眾人所言真的成了「都市垃圾」。

使用者迄今依然等待著ofo退還保證金，據悉目前等待退費的會員超過一千一百萬名，然而當地的科技業者認為ofo目前根本沒錢能償還，使用者一輩子也不可能等到。中國新浪網評論「曾為資本寵兒的共享自行車，由於過度擴張與燃燒投資金額，最後導致被市場埋葬」、「是時候該反省盲目相信有成長力、卻內功不足的新創產業的投資洪流」。

ofo

曾經是全球最大的自行車共享企業，與中國智慧型手機製造企業oppo是完全不同的企業。出身北京大學的戴維在二〇一五年創業，創業兩年公司就晉升獨角獸企業，在全球二十一個國家累積有兩億名的會員，然而因過度便宜的使用費，無法擁有正常的收益，在投資金用罄之後，企業因此萎縮，最終在二〇一八年底開始因為無法償還使用者的保證金，事實上與公司關閉沒兩樣。是中國共享服務最具代表性的失敗案例。

第2章

政治

——一個中國的大國歷史

15 西藏足球隊為什麼被解散？

西藏（圖博）唯一一支職業足球隊在成立三年後的二〇二〇年六月八日毫無預警解散，該球隊到新冠肺炎疫情正嚴峻的四月為止仍然在進行訓練，而且還申請了參加七月舉行的中國足協乙級職業聯賽。這支足球隊的金主是西藏最大的國有企業西藏城投，因此資金上也不虞匱乏，而且這支城投足球隊最早也是出於中國政府的需要才組建的。流亡海外的西藏人在二〇〇〇年代初期就成立了一支名為「西藏國家隊」的足球隊，展開國際性的活動。因此中國政府才想以城投足球隊對其牽制，並傳達出「真正的西藏足球隊在中國」的訊息。

中國為什麼解散足球隊？

西藏足球隊成長迅速，僅僅成立一年就進入職業聯賽，成為該地區的象徵。但中國政府卻開始對此感到不安，因為他們擔心日益受到歡迎的西藏足球隊會重新點燃西藏獨立運動的火苗。中國政府認為，如果讓瘋狂高呼「西藏加油」的西藏人團結在一起，就有可能再次爆發西藏獨立運動。

事實上，西藏是中國境內獨立運動最為活躍的地區。西藏自從一九五一年被併為中國的自治區之後，一九五九年爆發西藏獨立運動，很多人死亡，政治領袖達賴喇嘛也是在這個時期在印度建立西藏流亡政府。一九八七年到一九八九年之間，西藏還曾發生過最大規模的獨立示威。最近西方國家支援西藏獨立運動家和流亡政府的活動，讓中國更感到焦躁難安。

西藏獨立勢力與中國的立場分歧

在西藏，要求獨立的呼聲不絕於耳，因為西藏獨立勢力認為「一九五〇年十月中國以武力侵略並合併了獨立國家西藏」。他們主張，一個好端端的獨立國家被迫淪為殖民地，那麼獨立運動不就是理所當然該進行的嗎？不管是過去清朝掌控下的西藏在清朝滅亡之後隨即獨立，還是西藏建立的吐蕃帝國曾經是威脅唐朝的強國等等事實，都被當成了證據，支持西藏的獨立性。但中國宣稱「西藏是中國領土的一部分」的主張也有相當複雜的邏輯可循，可以歸納為下一頁的圖表。

少數民族的歷史都屬於中國歷史？

主張「西藏是中國領土的一部分」理論中最引人注目的，就是將蒙古族和滿族的歷史界定為中國歷史，這是從「中國為多民族統一國家」的歷史觀出發的。

中國的歷史觀

中國五十五個少數民族的歷史＝中國歷史

問題是，如果採用「多民族統一國家」歷史觀的話，被界定為中國歷史的範圍將變得太過廣泛。中國的少數民族共有五十五個，其中有相當多的民族，就如同植根在漢族的朝鮮族一樣，旁邊就存在著保有該民族根源的國家。但中國認為，與其讓少數民族找回本身的認同感，放任他們離開中國，還不如不懼惡名讓其他國家批評。

中國之所以擁有這樣的歷史觀，是因為擔心國家再次分裂。原本民族結構就很複雜，加上各地區之間立場不同，中國在長久的歷史中一再分裂。就連過去中國最

圖表｜中國關於西藏主權的理論

元朝在西藏設立地區軍政機構**管理**西藏。
清朝冊封西藏宗教領袖。

↓

因此西藏是元、清的**屬國**。

↓

元朝（蒙古族）和清朝（滿族）是**中國少數民族**建立的國家，
因此他們**統治過的地區即使到了現在也依然是中國的領土**。

↓

所以**西藏是中國的一部分**。

高領導人毛澤東，年輕時也提出過「中國應該分裂為多個國家」的重點主張。

「建設一個湖南（毛澤東的故鄉）共和國。」

「中國只是一個空架子……全靠著一個條件得來，就是殺人多、流血多。」❺

國民黨和共產黨都尊崇為「國父」的孫文說過更重的話。

「中國幅員遼闊，各地民情風俗不一，似此情勢，於政治上萬不宜於中央集權，倘用北美聯邦制度實最相宜。」❻

就連當代最高領導人也認定中國是一個無從避免分裂的國家，但是中國政府無論如何都想以一個統一國家的型態治國，於是就只能採取一貫強硬的管控和監視。

---

❺〈湖南建設問題的根本問題——湖南共和國〉，《毛澤東早期文稿：1912.6-1920.11》，湖南出版社，一九九〇。

❻一九一一年十一月孫文所發表的〈與巴黎日報記者的談話〉，《孫文全集》，中華書局，一九八一。

和西藏一樣被視為棘手問題的地區：新疆

另一個中國擔心會高喊獨立而嚴密監視的地區，就是維吾爾族居住的新疆，正式名稱是「新疆維吾爾族自治區」。新疆在一七五九年與清朝的戰爭失利後，就成為了中國的一部分，但那之後，新疆仍爆發了數十次大大小小的獨立運動。新疆憑藉著這樣不懈的努力，終於在一八六〇年代獲得英俄等國承認其為獨立國家。但是清朝又再度奪回新疆，到了一九四九年整個新疆被劃歸為中國的地方政府（自治區）。

有個故事可以讓我們知道新疆想要獨立，這是新疆流亡政府的領導人艾沙・玉素甫・阿布甫泰肯（Isa Yusuf Alptekin）一九九五年臨終前說出的一番話。「維吾爾（新疆）不是中國，民族不同、語言不同、宗教不同、歷史背景和生活文化各殊，怎麼能被劃歸到中國？」

中國政府為了防止新疆獨立，一直以來採取各種手段控管這個地區的居民。從一九八〇年代以來便遷徙漢族移居新疆，試圖讓這個地區「中國化」。然而自二〇一七年開始，媒體和國際機構便不斷地揭露中國政府將一百萬名以上的新疆維吾爾族人關進強制收容所裡，進行監控。在此過程中，包括《紐約時報》在內的世界權威媒體於二〇一九年公開了與強制收容所相關的機密文件，給世人帶來了巨大衝擊。也就是說，無數的人被關在收容所裡，處於全天候被監視的環境，不停地勞動，過著等同於監獄囚犯一般的生活。世界各國對此都提出公開抗議，中國這才辯稱「（再教育營）只是一個提供職業技能教育培訓的設施，是遏阻（促進獨立運動的）極端主義勢力所採取的必要措施」。

中國不能失去西藏和新疆

西藏自治區占中國全部領土的八分之一，新疆維吾爾自治區占六分之一，如果兩個地區獨立的話，中國的領土將減少近三分之一。這對中國來說，是根本難以想像的情景。西藏和新疆不僅幅員遼闊，還是能源資源的寶庫，也是舉足輕重的邊境地帶。埋藏在西藏自治區的鋁、銅儲量，是中國國內規模最大的，鐵礦石、金、銀、鉀、石油、天然氣儲量也非常豐富。而新疆則蘊藏著占了中國整體產量三〇％的石油、三四％的天然氣、四〇％的煤炭。中國從二〇〇〇年代開始，就利用鋼管和電力網

圖表｜西藏和新疆在中國領土所占的比例

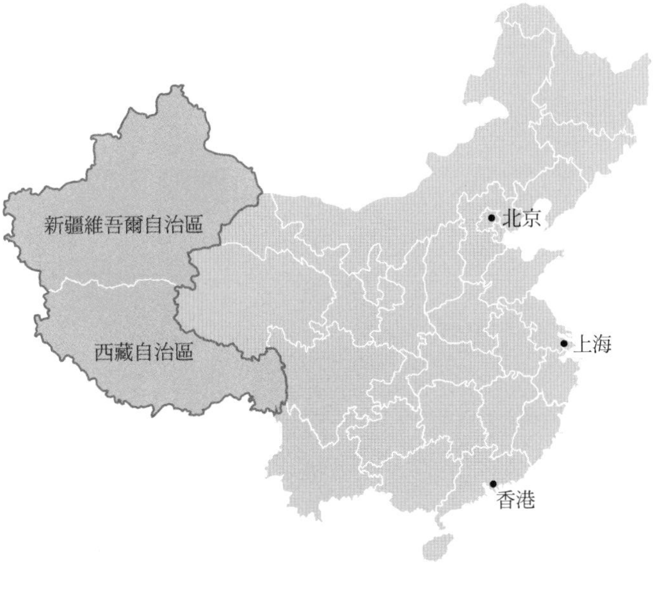

將新疆的資源輸送到東部地區，這是中國不得不死守西藏和新疆的另一個原因。

西藏

西藏自治區位於中國西南部，因為要求獨立的呼聲很高，是中國強力控制的區域。中國以元朝和清朝時期與西藏的關係為根據，聲稱西藏是中國領土。但是西藏的獨立勢力卻主張「一九五〇年中國共產黨強占了獨立國家西藏」。

新疆

位於中國西北部的新疆維吾爾自治區，和西藏一樣，都是主張獨立的勢力非常活躍的地區。中國政府為了防止新疆獨立，從一九八〇年代開始就實施漢族的移居政策。但由於財富集中在移居過來的漢族手上，造成了維吾爾族在經濟上受到排擠。再加上政府封鎖伊斯蘭寺院，監視宗教領袖，引起了更大的不滿，結果從一九九〇年代開始就接連爆發大規模的反政府示威活動。

16 聽說香港人老愛移民到台灣

家住香港的退休教師胡凱西正準備移民到英國，她說是因為聽到一直反對中國實施《香港特別行政區維護國家安全法》（以下簡稱《港版國安法》）的英國政府擴大機會讓香港居民在英國定居的消息後，才下定了決心。胡凱西的姐妹正在考慮移民台灣，中華民國總統蔡英文在二〇二〇年六月三十日《港版國安法》生效當天，就在她的臉書上表示，將成立公共組織協助香港人移居台灣。也就是說，對於想要移居到台灣的香港人，將提供有關入學、就業、移民、投資等問題的一站式諮詢及支援服務。尤其因政治理由感到人身安全受到威脅的香港民主陣營人士和參與示威者，是主要服務對象。

監視、處罰香港內部反中勢力的《港版國安法》實施之後，有愈來愈多的香港人準備移民。和一九八九年中國天安門事件、一九九七年香港回歸當時一樣，擔心香港未來的「脫港」（HKExit＝Hong Kong＋Exit，逃脫香港）人數也日漸增加。經營移民諮詢企業的安德魯・羅表示：「天安門事件發生當時只有有錢人離開，但這次是不分階層都在準備移民」。香港媒體《香港01》刊登了標題為「英國移民指南」的報導。對此，《紐約時報》報導說：「過去為了進軍中國市場選擇香港作為據點的企業，已經開始討論替代地區」。

港版國安法內容到底是什麼

二〇二〇年六月三十日傍晚，香港回歸二十三週年紀念日前夕，中國強行實施了《港版國安法》。《港版國安法》的內容加強了中國對香港的控制，禁止反中團體的活動，全文分為六章，共六十六項條文，又被稱為「六六六法」。具體內容如下：

禁止大規模示威

《港版國安法》徹底禁止在香港的反中活動。法案中有所謂的「四宗罪」，即「分裂國家罪」、「顛覆國家政權罪」、「恐怖活動罪」、「勾結外國或境外勢力危害國家安全罪」。根據這些罪名，大多數抗議活動和組織活動

圖表｜《港版國安法》要點

內容	隱憂
對「分裂國家罪」、「顛覆國家政權罪」、「恐怖活動罪」、「勾結外國或境外勢力危害國家安全罪」的嚴厲處罰。	禁止大規模示威、反中活動。
一旦被判有罪就不能出馬競選。	限制反中人士的政治活動。
遇到重大案例，香港人可以被送至中國審判。	破壞香港獨立司法體系。
加強對新聞、學校、社會團體、網路的監督。	縮減言論和表述的自由。
成立中國政府直屬機構在香港內部蒐集、分析情報。	侵犯隱私，加強監控。
外國人若違反此法，也會遭到處罰或驅逐出境。	限制外國組織、企業、媒體在香港的活動。

都是違法的。像是占領議會大樓，就適用「顛覆國家政權罪」；組織要求香港獨立的政黨或社會團體，就犯下「分裂國家罪」；進行激烈的抗議示威活動，則會以「恐怖活動罪」遭到處罰；香港企業人士如果向美國議員尋求協助，就犯下「勾結外國或境外勢力危害國家安全罪」。一旦違反以上各法，最高會被處以無期徒刑。

限制反中人士的活動

曾是反中運動核心的香港民運人士的政治活動，變得舉步維艱。凡以港版國安法被判決有罪的人，不能參選香港立法會、區議會的議員選舉，也不能擔任香港政府的公職。分析家認為，這是在二〇二〇年九月香港立法會選舉前夕，給在野黨人士戴上「嘴套」，讓他們噤聲。

主張香港獨立的團體也沒有了立足之地。為了逃避《港版國安法》的處罰，不斷有團體主動宣布解散。一向要求實行香港行政長官直選制的黃之鋒所帶領的政黨「香港眾志」，也在《港版國安法》通過的二〇二〇年六月三十日當天宣布解散，這表明香港的反中陣營正逐漸瓦解中。

破壞香港原有的司法體系

也有人指責，《港版國安法》破壞香港的獨立司法體系。基本上，《港版國安法》裡的事件調查、起訴、審理由香港當局負責，但對於諸如「受到外國勢力干涉難以行使管轄權」等的情況，則明白規定由中國政府直接行使調查、審判權。類似情況發生時，中國在香港設立的安保機構「國家安全公署」將對事件進行調查，被告則被送往中國接受法院判決。到目前為止，香港人一直受到香港司法體系的保護，中國此舉就代表將直接出面調查、審理香港居民。對此，香港媒體分析是「只要中國政府下定決心，隨時可以讓香港人站在中國的法庭上」。

進入監控社會

對香港媒體和網路言論的監控也必然會加強。《港版國安法》明文規定，「對學校、社會團體、媒體、網絡等涉及國家安全的事宜，香港特別行政區政府應當採取必要措施，加強宣傳、指導、監督和管理」[7]。針對這項條文，香港《蘋果日報》分析說：「言論和表述的自由將被縮減。」

這也造成香港居民生活在一個受到監視的社會。中國在等同於警政署的香港警務處之下成立了一個國安法專職部門「國家安全處」，負責收集情報，調查案件。由於國家安全部的負責人是由國家安全公署所任命的，因此實際上很難避開中國的監視網。令人擔憂的是，除了香港居民使用手機的紀錄之外，負責香港治安的「秘密警察」還有可能監聽或跟蹤香港居民。香港的泛民主陣營表示：「一直以來享受自由的香港失去了自由」。

外籍人士違法者將被驅逐出境

不僅香港居民，連在香港居住或旅行的外籍人士也成了《港版國安法》的適用對象。例如前往香港旅行的韓國人如果參加香港獨立遊行，可能會遭到國安法處罰或被驅逐出境。長期居住在香港的外國人如果因違反《港版國安法》而被驅逐出境，可能會失去工作或在香港的財產處理上遭遇困難，因此受到的打擊非常大。

中國和香港對國安法的立場截然不同

對於《港版國安法》的制定，中國方面（國務院❽）主張，這是有效管理極少數恐怖分子的一種手段，還說：「《港版國安法》將成為大多數香港人和外國人的守護神」。然而，香港反對派批評：「香港的政治自由在香港回歸才二十三年就死了」。這天，黃之鋒在社交媒體上發表了一篇文章說：「世界認識的那個香港不在了」。

那麼，中國為什麼制定這樣的法律呢？中國自一九九七年香港回歸之後，就一直擔心有反中傾向的香港反對勢力存在，就想制定《港版國安法》對其監視。第一次的嘗試是在二〇〇三年，當時透過香港政府推動《港版國安法》的制定，但看到香港有五十萬的居民上街示威抗議，驚愕

❼ 譯註：《港版國安法》第九條。

❽ 國務院：中華人民共和國國務院簡稱，是中國最高行政機關，也是全國人大的執行機關。總理由全國人大選出，五年一任，現任國務院總理為二〇一三年上任的李克強（二〇一八年連任）。

之餘便撤回了計畫。二〇二〇年，中國再度嘗試制定港版國安法，香港政府相關負責人都被習近平主席的親信所取代，五月底全國人民代表大會上才宣布將制定《港版國安法》，短短一個多月過去就開始施行該法。

與中國較勁的美國對此有何反應？

二〇二〇年七月，美國取消了一直以來所賦予香港的特殊地位。所謂香港特殊地位是指在關稅、投資、貿易和簽證簽發方面可以獲得不同於中國大陸的優惠特權。這種特殊地位是根據美國一九九二年制定的《香港關係法》所賦予，是在必須保障香港對中國擁有自治權為前提下開始的。但是因為《港版國安法》的施行，香港再也無法保障本身的自治權，美國就取消了這項特權。一旦失去這項優惠，香港作

圖表｜美國賦予香港的主要特殊地位

關稅	貿易	投資	簽證
承認與中國是不同的獨立經濟主體，享有最惠國待遇	容許尖端科技產品的交易	通過單獨的投資協議保障企業活動	商務、旅遊、教育目的免簽證
外匯	**航線**	**教育**	**財產權**
保障兩國貨幣的自由兌換	承認有別於中國的單獨航權	互相承認學歷	保障香港市民在美國的財產權

為金融中心的大部分優勢就會喪失。首先，關稅優惠的縮減可能會對香港的貿易功能造成衝擊。另外像是香港居民申請美國簽證時的條件會變得嚴格，以及無法購買美國核心技術等，預料和美國的交流將會遇到困難。再加上香港本地的外國企業大舉撤出，很可能會持續一段時間的金融動盪。被稱為「東方之珠」的香港，曾經是自由的象徵，但《港版國安法》正在改變香港的自由風氣。很難輕言明日的香港是什麼樣子，但顯然與昨日的香港會有所不同。

逃犯條例

二〇一九年夏天，兩百萬香港市民湧上街頭，抗議當年四月香港行政長官所推動的《逃犯條例》[9]，該法案制定的契機源自一名香港人在台灣殺人後逃回香港的事件[10]。香港《刑法》規定，只能對在國內發生的罪犯進行處罰，而且因為沒有簽署罪犯引渡條例，也無法將該名殺人犯遣送到台灣處罰。對此，香港制定了《逃犯條例》，試圖讓罪犯可以合法移交給沒有締結引渡條款的國家。但如果該

[9] 譯註：正式名稱是《二〇一九年逃犯及刑事事宜相互法律協助法例（修訂）條例草案》，俗稱《逃犯條例》、《引渡條例》、《送中條例》。

[10] 譯註：即「潘曉穎命案」，同為香港居民的殺人嫌犯陳同佳與被害人潘曉穎於二〇一八年二月八日赴台旅遊，同月十七日潘曉穎被殺害棄屍，嫌犯陳同佳案後搭機返港。

法案得以通過，香港的反中人士和人權運動家就有可能被遣送回中國大陸，依據中國的司法體系受到處罰。因此，香港政府才會面臨擔心該法案受到惡意利用的香港市民強烈的反對。

港版國安法

這是一項監視、處罰香港本地反中勢力的法案，於二〇二〇年七月一日起在香港實施。主要內容是禁止並懲罰與外國勢力勾結、分裂國家、顛覆國家政權、恐怖活動等行為，並且在香港成立一個專責機構。有人認為，中國施行《港版國安法》違反了中國到二〇四七年為止保障「一國兩制」的原則。

17 中國為什麼討厭周子瑜？

人氣女團TWICE的成員周子瑜來自台灣，大家都料想擁有豔麗外表的她將吸引TWICE在華語圈的粉絲。沒想到出道不久，整個中國就轉為「反周子瑜」，相當於中國版推特的微博上對她的譴責鋪天蓋地。周子瑜的「錯誤」只有一個，那就是她在二〇一六年出演韓國某電視綜藝節目時，揮舞了中華民國國旗。來自台灣的她只是揮了揮中華民國國旗，為什麼就會發生這樣的事情？周子瑜承受不了來自中國排山倒海般的譴責，在網上上傳了道歉影片，TWICE在中國的活動也自然被縮減到最少。

中國生氣的原因

中國人認為，台灣不是獨立國家，而是中國的一部分。在他們的腦海裡，台灣就相當於韓國人腦海裡的濟州島。因此從台灣來的周子瑜沒有揮舞中國國旗，而是揮舞中華民國國旗的時候，他們就指責「這是助長台灣獨立」。

但是中國為什麼主張過著美好生活的台灣是自己的一部分呢？想理解這一點，就得了解約一百年前的背景。當時有兩股勢力為了占領今天的中國而交戰，第一股勢力名為「國民黨」，第二股勢力名為「共產黨」。一九四九年激烈的內戰結束，共產黨戰勝，國民黨敗北。戰敗的國民黨軍隊渡海來到台灣，成立了政府。從中國的立場來看，無法連台灣都占領下來實屬遺憾；但從台灣的立場來看，敗給了中國大陸氣憤難平。下面以年表方式整理這個過程。

一九一一年　中國帝制時代結束

一九一二年　國民黨在中國土地上建立中華民國

一九二一年　共產黨躍升為國民黨的對手

一九二七年　第一次國共內戰，一九三七年結束；第二次國共內戰於一九四五年開始
一九四九年　戰勝的共產黨占領今天的中國，戰敗的國民黨占領今天的台灣

一國兩制與九二共識

中國希望台灣歸順，成為中國的地方都市。但台灣卻劃清界限：「中華民國是主權獨立國家，絕對不會與中國合併」。中國絞盡腦汁要說服台灣，想出來的方法就是「一國兩制」。一國兩制就是在政策上採取一個國家兩種體制的意思，而內容則是名義上算統一，實際上會像對待獨立國家一樣不進行干涉。原本一國兩制是中國為了從英國收回香港所制定的妙計。共產主義・社會主義體制的中國之所以能收回資本主義・民主主義體制的香港，原因就在一國兩制⓫。但台灣強烈反對這種方式，認為維持現狀就好，何必統一？

儘管如此，中國大陸和台灣之間還是有一道無法逾越的鴻溝。中國要求台灣一定要遵守「九二共識」，九二共識是承認「一個中國、各自表述」的一項協議，由中國和台灣在一九九二年十一月共同簽署。「九二共識」的意思，簡單地說就是「將來總有一天會統一，現在就各過各的」。在九二共識的基礎上，中國和台灣之間有一段時間經濟交流擴大，雙方關係十分密切。但隨著二〇一六年反中傾向的蔡英文就任中華民國總統之後，雙方關係就開始惡化，因為蔡英文斬

釘截鐵地表示全面反對「九二共識」和「一國兩制」。

一國兩制

中國承認並包容兩種不同社會體制的統一政策，其對象包括香港、澳門和台灣，這是一九八〇年代中國領導人鄧小平所提出的。得利於這個政策，中國才能於一九九七年和一九九九年分別自英國和葡萄牙手中收回香港和澳門。目前，香港雖然已經成為中國的一部分，但仍然獨自參加如奧運等國際活動，就是根據一國兩制的細部方針，保障了高度的自治權。

⓫ 譯註：中國第十三屆人大四次會議於二〇二一年三月十一日通過（二八九五票贊成、〇票反對、一票棄權）香港特別行政區選制修改草案，提出多項「愛國者治港」標準，進一步限縮港人的參政權，「一國兩制」已形同具文。

18

中國藝人的基本美德是「愛國」

偶像團體EXO的中國籍成員張藝興（Lay），在韓國和中國之間往來活動，被認為是代表性的「親中派」中國籍藝人。然而在二〇一九年八月十三日，他宣布抵制韓國代表性企業三星電子。作為三星電子在中國的品牌代言人的他，不僅片面解除廣告代言合約，還發表聲明尖銳地譴責三星電子「傷害了中國同胞的民族感情，堅決不能容忍」。到底發生了什麼事？

因為中國而受委屈的全球多家企業

總而言之，與其說是三星電子犯了什麼特別的錯，不如說是不幸惹到了中國的愛國主義。二〇一九年中國國內對香港的反中示威深具反感，香港示威隊伍吶喊獨立的呼聲愈響亮，中國國內絕不允許香港、澳門、台灣脫離中國的愛國情緒就愈高漲。在此過程中，三星電子全球官網上「國家和地區」選項中，將中國、香港和台灣作為單獨的選項提供，於是便莫名其妙地成了被攻擊的對象。張藝興的工作室表示「三星電子全球官網迄今仍存在著國家地區定義不清的情況」，且表明立場，無法和模糊中國主權領土完整的企業合作。

作為回應，三星電子澄清他們絕對無意惹怒中國消費者。三星電子表示，「中國國內使用簡體字，香港使用繁體字和英語，這是根據語言的不同區分選項的」。也就是說，這只是一種方便用戶的區分法，沒有什麼政治意義。

然而有趣的是，這段期間含冤抱屈的企業和團體還不只一兩個。中國著名演員楊冪片面解除與知名品牌凡賽斯（Versace，范思哲）的品牌代言合約，因為凡賽斯在運動衫產品的設計上，將香港標示為國家。中國偶像團體TFBOYS的成員易烊千璽也出於同樣原因與紀梵希（Givenchy）解除代言合約；頂級模特兒劉雯與蔻馳（Coach）解除代言合約。不僅如此，只因為美國職籃NBA休斯頓火箭隊總經理達雷爾・莫雷（Daryl Morey）支持香港的抗議活動，中國國營的央視體育台和網路媒體騰訊視頻便決定不轉播美國職籃賽事。同樣地，隸屬英格蘭職業足球隊阿森納隊（Arsenal Football Club）的球員梅蘇特・厄齊爾（Mesut Ozil）在推特上發文批評中國對維吾爾人的鎮壓，才不過兩天，中國就停止轉播阿森納隊的賽事。

圖表｜中國對各地區的立場

地區	統治理念	意義
香港、澳門	一國兩制	「這裡是我的領土，但我不干涉你在這裡的任何作為。」
台灣	九二共識	「暫時脫離掌控的領土。」
西藏、新疆	地方政府	「我可以隨心所欲處置的領土。」

中國為什麼對地區標示法那麼敏感

奇怪的是，出面宣布解除合約的中國藝人提出的理由都一樣，就彷彿有人事先編好了劇本似的，也就是表明支持「一個中國」的原則。「一個中國」意味著中國大陸、香港，澳門和台灣之間是不可分割的一體，其原則就是只有一個合法的「中國」。依照這個原則，中國國內將具有獨立政權的台灣視為本國領土。一個中國的原則還牽涉到中國的民族主義，包括漢族在內，中國共有五十六個民族，這些民族統稱為「中華民族」。不管是來自朝鮮半島的朝鮮族，還是長相和語言截然不同的維吾爾族，都被視為相同的中華民族。

中國藝人為什麼積極以「愛國者」自居？

在中國娛樂界，因為不小心觸犯了「一個中國」的原則而被無聲無息踢出的例子不勝枚舉。例如二〇一四年周潤發、劉德華、梁朝偉等知名藝人，因為支持香港民主化示威遊行「雨傘運動」，被中國政府列入黑名單，演藝活動也遭到禁止。根據香港《南華早報》的報導，有多達五十五位藝人因為反政府言論而被中國當局列入黑名單。

許多中國籍K-Pop歌手在社交媒體上表達支持中國的言論，目的也是想預先阻斷這類風暴的發生。韓國女子偶像團體f（x）的中國籍成員宋茜（Victoria）就在社交網站放上中國五星旗的照片，並且寫下「我愛中國，我愛香港，香港是中國的香港」字樣，公開擁護「一個中國」的原則。隨後，同樣也在韓國發展的中國籍藝人周潔瓊、男團SEVENTEEN中國籍成員徐明浩（The 8）和文俊輝（Jun），以及另一男團PENTAGON的中國籍成員閻安，也在各自的社交媒體上發布類似的貼文。

難道是因為中國籍藝人在意中國輿論，只好不情願地表明立場嗎？這似乎不太可能。就像韓國人理所當然認為「獨島是韓國領土」一樣，中國年輕的一代也認同「一個中國」。對中國人來說，一個中國是歷史上理所當然的原則，近乎不容破滅的理想。

一個中國

中國大陸、香港、澳門和台灣是一個不可分割的國家。按照這個原則，即使是擁有獨立政權的台灣也被視為是中國大陸的領土。如果主張香港、澳門和台灣是與中國大陸無關的地區，就會被視為侵犯中國主權，遭到強烈抗議。諸如「一國兩制」等政策，也是出自一個中國的原則考量下制定的。

19 中國高層躲避新冠肺炎為什麼要上山？

當新冠病毒猖獗之際，中國的高層領導人會避到哪裡去呢？二〇二〇年四月，有人證實，部分中國領導人離開了相當於「中國青瓦台」的中南海，避難到山上去了，他們所上的山，就是北京郊外的玉泉山。北京城內有很多最高級的酒店，也有很多別墅，為什麼非得到山上避難呢？難道想趁機拍攝《我是自然人》[12]嗎？

玉泉山，他們獨享的奢華世界

玉泉山上有清朝皇帝蓋的別宮，是皇帝出宮時暫時居住的地方。到了近代，玉泉山便被開發成中國領導層不便住在中南海或者休養時使用的第二辦公空間。山上具備高級宿舍和便利設施，另有種植有機蔬菜、規模達四十萬平方公尺（約十二萬坪）的「香山農場」。在黑心食品氾濫的中國國內，專門供應特權階層的安心農產品，就是在這裡種植的。玉泉山嚴禁外人出入，與京西賓館（軍方高層將領專用）、中南海合稱「北京三大禁地」。

什麼時候會去玉泉山？

每當中國面臨危機狀況時，玉泉山也是歷代領導層聚首的地方。一九七六年十月六日，主導文化大革命、掌握滔天權勢的「四人幫」被逮捕的當天，指揮逮捕行動的極少數領導層就在此地的九號樓裡，徹夜舉行了對策會議。二〇一二年中國前國家主席江澤民也是在這裡制定作戰計畫，懲治圖謀反叛的「新四人幫」⑬。聽說當時江澤民就在玉泉山安家別墅裡，一面與習近平（當時的副主席）溝通，一面指揮全局。只要聽說中國領導人去了玉泉山，就可以確定中國國內必然發生了大事。

聽說玉泉山上還有一個可供中國領導高層避難的地下掩體。根據《南華早報》的報導，玉泉山地下二公里處有一處核掩體，核掩體是足以抵禦核爆炸的堅固避難處，玉泉山的核掩體就建造在堅硬的山脈岩盤底下，無需外部供給即可長期生存。這裡的通風系統設計精巧，足以過濾放射線污染。其本身的地理條件還能穩定供應數百萬人的飲用水。玉泉山是中國領導層精心設計，確保政府可以在核掩體中維持運作的地方。

---

⑫ 譯註：韓國每日電台（MBN）所製作的電視節目，專門找一些生活在深山野嶺的人進行採訪、拍攝，非常受到韓國觀眾的喜愛。

⑬ 譯註：指被中國媒體稱為「新四人幫」的周永康、薄熙來、徐才厚、令計劃四人。

除了地下之外，玉泉山也有一些通道可以逃往空中。伺服器在美國的一家華語圈媒體《看中國》宣稱，「玉泉山上有一條長約二十公里的秘密通道，通往一處直升機待機中的空軍基地」。中國領導層只要抵達玉泉山，不管是上天入地，都能找到一條生路。

中南海

中國最高領導層的群居地，泛指紫禁城西邊鄰近北海、中海及南海的區域。包括習近平主席在內的七名政治局常務委員、前國家領導高層，以及他們的家人都住在這裡，自然也具備領導高層辦公的空間。如果將公務員和服務人員全都算在內的話，這裡的居住人口高達數千人。

北戴河

中國最高領導層的避暑勝地，位於距離北京約三小時車程的渤海灣海濱。中國最高領導人會在七月底到八月初秘密來此避暑，並討論各種政治案件。最高領導層在北戴河達成協議的案件，會在次年三月的全國人民代表大會上立法制定或作為政策發表。尤其是以「二」和「七」字結尾的那一年當中，會有很多高層到北戴河度假，因為之後五年期間的重要人事和國家政策路線會在這時被決定下來。

玉泉山

中國領導層不便住在中南海或者休養時使用的第二辦公空間，也是中國面臨危機情況時領導層聚首的地方。眾所周知，這裡還有中國領導層可以在危險情況下撤離的核掩體。

20 因李孝利的「MAO怎麼樣？」一句話而憤怒的中國

一句「Mao，怎麼樣？」就讓歌手李孝利的Instagram上被惡意的中文留言洗版，短短的兩天內中國網友的抗議留言就超過十四萬則，就因為李孝利在上MBC娛樂節目〈玩什麼好呢？〉（놀면 뭐하니？）時貶低中國首任國家主席毛澤東（一八九三～一九七六）。在節目上李孝利扮演一名新進女子團體的成員，被問到要使用什麼新藝名的時候說：「取中文名字如何？可以走向國際化。『Mao』怎麼樣？」

為什麼中國人對「Mao」這麼敏感

乍看之下，李孝利的發言似乎沒什麼問題，但中國網友卻紛紛對此發出「為什麼隨便使用他國偉人的名字？」、「學學尊重中國！」等等的譴責。不只是中國人，其他國家的人也在留言中說明「Mao」指的是毛澤東，並表示「李孝利不可能不知道這一點」。韓國網友則很生氣地反擊「李孝利又沒有公開提到毛澤東主席，更沒有任何貶低的言論，到底問題在哪裡？」。

光是毛澤東的「毛」字而已，為什麼中國網友就這麼敏感呢？因為中國領導層多年以來一直將毛澤東塑造成是一個神聖不可侵犯的人物。在一黨獨裁體制下的中國，共產黨想獲得政權的正當性，就不得不將創黨人毛澤東神格化。前主席華國鋒也曾經說過：「毛澤東生前所做的決定都是正確的」，因此中國仍然是毛澤東的國家。他的大型肖像畫就掛在天安門廣場上，超過三十冊的毛澤東全集至今依然是政治類暢銷書。甚至連主導改革開放，將中國建設為今天這麼富裕國家的鄧小平（一九〇四～一九九七），他的聲望也還不到可以遞名片給毛澤東的程度。

習近平主席上任之後，毛澤東的聲望更加高漲，這是為了要積極利用毛澤東所留下的政治遺產。習近平主席修改憲法，打破鄧小平所架構的集體領導制，建立了單一領導制。為了壓制內部對此的反對聲浪，習主席所強調的是「毛澤東也是長期執政，毛澤東也是單一領導人」。習主席多次重申「毛澤東的革命精神造就了今天的中國」。貿易戰所引發的中美角力，也喚起了中國人的愛國心，彰顯了毛澤東的豐功偉業。尤其是毛澤東擊敗外國勢力（日本），建立了今天的中國這點，獲得很高的評價。

毛澤東是零缺點的完美領導人嗎？

但是，毛澤東也犯下了許多中國欲蓋彌彰的錯誤。毛澤東被評批在一九五〇年代發起「大躍進運動」，餓死了三千六百萬人⓮，他讓紅衛兵帶頭肅清二百萬人⓯的「文化大革命」，讓中國倒退了十年。毛澤東在享有無限權力的同時，也做出了許多難以理解的決定，「打麻雀運動」就是代表性的一個例子。一九五八年大躍進運動如火如荼之際，毛澤東參觀了一個農村，當他看到麻雀啄食穀物時說「麻雀是害鳥」，下令撲殺，隨即展開大規模的掃蕩行動，麻雀從中國全境消失。但是，當麻雀消失後，農作物的產量卻大大降低，因為害蟲沒了天敵，占據了整片田地。

在對毛澤東的各種評價中，最出名的就是陳雲說的話。陳雲曾在毛澤東任內擔任過副總理，退休後被視為當時主政的中國八大元老之一，在共產黨成立初期，國內派成員的毛澤東驅逐國際

⓮ 二〇〇八年，中國官媒新華社前資深記者楊繼繩在自己的著作《墓碑》中所估算出來的數字。二〇一〇年英國倫敦大學教授馮客（Frank Dikötter）則推算有四千五百萬人死亡，比之前估計的更多。

⓯ 根據二〇〇〇年三月中國共產黨的《人民日報》報導，文化大革命期間共有約二百萬人遭到紅衛兵殺害或自殺。

派（蘇聯派）領導人掌握政權方面，擔任了重要角色。令人驚訝的是，一生從未離開過毛澤東的陳雲，對毛澤東的評價卻很辛辣。

「倘使毛主席在一九五六年去世，毫無疑問，他是中國人民的最偉大領袖。如果在一九六六年去世，他的光輝將受到一些磨損，但成就依舊斐然。但他活到一九七六年才死，我還有什麼話可說……」

陳雲的評價簡明扼要地敘述了毛澤東的政治生涯，雖然毛澤東立下了建國之功，卻在一九五〇年代留下大躍進運動這個污點，並在一九六〇年代釀成文化大革命的悲劇。

大躍進運動

是一九五八年到一九六二年期間，國家主席毛澤東帶頭推動的一項中國農工業近代化政策，最終難以為繼宣告失敗。當初的目標是「七年超過英國、十五年趕過美國」，卻造成了三千六百萬人餓死的慘絕人寰結果。這是因為地方政府在爭奪高層關注的競爭中，誇大了穀物生產量、鋼鐵生產量和水井數量的目標值。為了實現這不合理的目標，中國的每個村莊都把家庭裡的鐵製工具全拿出來熔化。並且為了配合虛假報告，穀物全都交給了上級，村子裡的穀倉空空如也。毛澤東雖然在一九五九年辭去國家主席的職位，以示對這場運動的失敗負起責任，但在這之後也一直沒有真正放下實權。

21 習近平為什麼要栽培胡錦濤的兒子？

胡海峰是前中國國家主席胡錦濤的獨子，十分受到習近平主席的青睞。在習主席的積極支持下，胡海峰四十多歲就成為小都市麗水市首長（市委書記），並當選全國人民代表大會代表（國會議員），年紀輕輕就躋身高位。在前政權最高領導人的子孫都還來不及嶄露頭角的情況下，他已經脫穎而出成長為未來政權的領導人。

力捧對手之子

「不就是繼任者照顧一下前任者兒子嗎？就當作是禮遇前任官員不就行了？」如果這麼想，

那就大錯特錯了。中國有三大政治派系，習近平是太子黨（革命元老子弟）成員，而胡錦濤是共青團（共產主義青年團）成員，換句話說，習近平和胡錦濤的關係接近競爭對手，因此習近平沒道理必須照顧胡海峰。

但是現在胡海峰確實得到習主席的支持。胡海峰畢業於北京交通大學電腦工程系，是一名工科生，曾在一家名為「清華控股」的資訊科技公司擔任高級工程師，然後又在該公司旗下的高科技安檢設備製造公司擔任總裁。由於他一直以來主要是在資訊科技領域工作，也算是一名開發人員。

然而就在習近平上任的二〇一三年開始，胡海峰投入了政治。他以浙江省的小城市嘉興市副市長一職步入政壇，並於二〇一八年升任麗水市市委書記。他積極推動習近平主席所重視的生態環保和綠色發展政策，並於二〇一八年四月受到習近平主席的公開讚揚。他甚至在二〇一九年寫下「以人一之我十之、人十之我百之的奮鬥姿態，不負麗水之讚、增輝麗水之讚」，這也意味著他承認自己是「習主席一派」。

「國二代」的必要性

但是，習主席為什麼要力捧胡海峰呢？最初，胡海峰並不想當官，而是想當一名工程師或學者。但是中國領導層認為有必要從年輕「國二代」中培養未來領導人，於是便選擇了他。所謂

「國二代」是指在中國前國家主席或前國務總理的子弟中具有潛力的人。「國」是國家領導人，「二代」是第二代的意思，這個「國二代」比起共產黨高幹子弟的「紅二代」，或中國高官子弟的「官二代」，是含金量更高的金湯匙。

但是在目前中國的國二代當中，沒有一位如預期般步步高升。前國家主席江澤民的兒子江綿恆、前國務總理朱鎔基的兒子朱雲來、前國務總理溫家寶的兒子溫雲松等人都犯下貪腐罪，喪失了存在感。或許因為如此，機會才會落在和習主席不同派別的胡海峰身上。

有望成為中國最高領導人的四類人

- 金湯匙（國二代、紅二代、官二代）
- 地方官僚
- 國有企業出身
- 金融專家

無論如何，看來胡海峰命中注定前途無量。香港《東方日報》報導，胡海峰可能會在五十歲前晉升到副部長級職位，從長遠來看，更有機會問鼎副總理級職位。然而，還有另一種說法是，習近平為了鞏固自己的勢力才照顧對手的兒子。背後的算計就是藉著積極袒護胡海峰，以獲得胡錦濤所帶領的共青團派的好感。從這裡就可以看出習主席久握實權的籌謀之深。

國二代

「國二代」是一個新造詞，指中國最高領導人的子弟中深具潛力的人物，和祖輩在解放戰爭中有建國之功的「紅二代」、高官子女的「官二代」和革命元老子弟的「太子黨」不同。胡海峰正以「國二代」的主力代表脫穎而出。

太子黨、上海幫、共青團

中國最高掌權階層的三個派系，只要記住江澤民是上海幫、胡錦濤是共青團、習近平是太子黨就行。不過這是國內外媒體和學者為了便於解讀中國政治才如此區分，不能視為絕對性的派系。因為一個政治人物隸屬好幾個派系的情況屢見不鮮，例如有人出身共產黨高幹家門（太子黨），青年時期加入共產主義青年團（共青團），後來在上海歷任公職（上海幫）累積資歷。

22 中國最忙碌的月份，三月和十月

中國什麼時候最忙？就是三月和十月，因為中國最重要的政治活動就是在這兩個時期舉行。

全世界的鏡頭都集中在北京，各家電視頻道上只不過換了政治人物的臉孔罷了，類似的新聞一直在重播。中國境內要求獨立的勢力也趁機在這時舉行示威活動或製造恐怖事件，中國政府的保安、管控、檢查也隨之變得更嚴格。

中國有哪些政治活動？

三月召開的「兩會」，是中國最大的政治活動，兩會是「全國人民代表大會」（以下簡稱「全國人大」）和「中國人民政治協商會議」（以下簡稱「政協」）的合稱。有關政策審議、立法、預算審議和批准等事項，都會在兩會期間完成，可以想成是和韓國國會類似的職責就行。十月前後則會舉行全國代表大會（以下簡稱「黨代會」），按照慣例，共產黨全國各地的代表齊聚一堂，就重要提案做出決定。與兩會不同的是，黨代會每五年才舉行一次。

圖表｜中國的主要政治活動

	政協	全國人大	黨代會
時間	三月（每年）	三月（每年）	十月前後（每五年）
主要工作	政策審議	政策決議	決定國家重要議案，選出領導層

※二〇二〇年因為新冠肺炎疫情，政協和全國人大延後到五月才召開。

中國的政治體制

讓我們從每年舉行的兩會開始探討。政協負責事先審議將在全國人大上議決的提案，並協調各方意見，算是一種審議機構。政協委員共有兩千多名，來自代表少數民族、宗教、工會、藝術、經濟等三十四個領域的人士，主要包括像電影演員成龍或小米總裁等受到大眾喜愛的人物。但政協也飽受外界批評是在「作秀」，為的是要製造「國家政策不是由國家領導人單方面決定，而是由國民直接討論後決

圖表｜中國共產黨權力結構

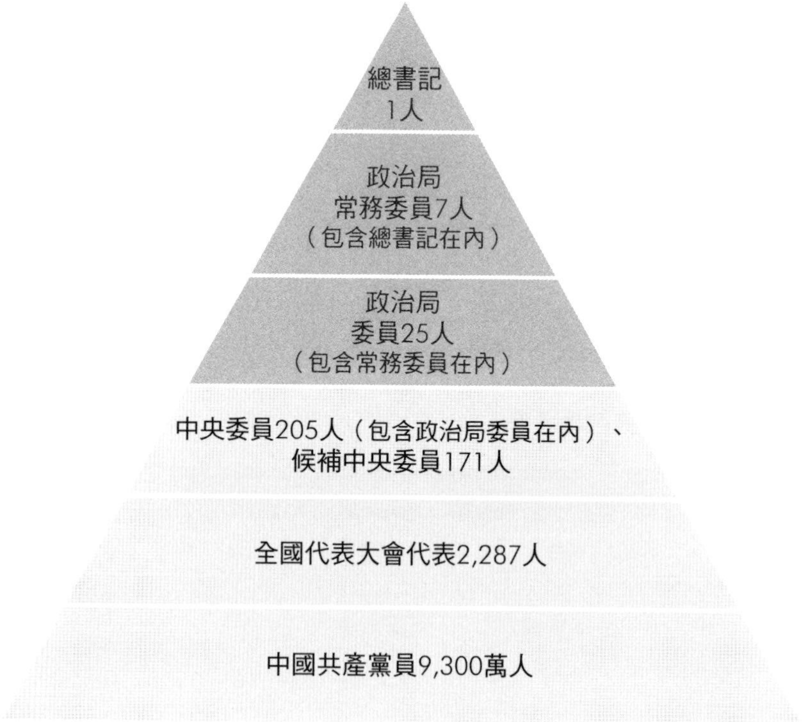

定」的假象罷了。

政協開幕後兩天舉行的全國人大，主要負責為政協上達成協議的政策做出決議。來自全國各地的代表三千多人齊聚一堂，進行立法、修法、國家預算的審議批准工作，也就相當於韓國國會中的立法機構，連領導人的正式任命也是在全國人大上進行的。但是，全國人大有時也被嘲諷是一枚「橡皮圖章」，這意味著全國人大只會遵循黨代會的決議而已，沒有實質的權限。

事實上，每五年召開一次的中國共產黨全國代表大會（黨代會）才是中國最重要的政治活動，此時才會做出實質性的決策。領導層會就國家重要提案做出決定，並修改黨的章程，甚至是黨內最重要的領導高層也是在黨代會上選出的。首先，大約二千二百名的黨代表會選出三百七十名中央委員和候補中央委員。再從其中選出政治局委員二十五名，之後再從中選出七名屬於最高領導層的常務委員，也就是說這樣選出來的共產黨領導高層將會在未來的五年期間帶領中國。習近平正式擔任中國國家主席的時間雖然是在二〇一三年，但應該以在黨代會上被選為下任主席的二〇一二年作為他執政的第一年來看才對。

現在，讓我們重新總結一下中國的政治體制：

黨代會事先決定
→
政協正式討論

← 全國人大正式批准

到中國旅行是否需要避開三月和十月？

如果能夠容忍國家政治活動期間的若干不便之處，其實不會破壞旅行的樂趣。但每五年才舉行一次的黨代會期間和每年召開的兩會期間，絕對是中國國內管制最嚴格的時期。二〇一七年十月召開的第十九屆黨代會期間，北京地下鐵對乘客進行盤查，並且切斷諸如KakaoTalk等主要是外籍人士在用的網路即時通訊軟體。

全國人民代表大會

中國相當於國會等級的全國人民代表大會，是有權修憲和選舉國家主席、國務總理的名義上最高權力機關。但在國外，全國人大卻被譏諷是一個沒有實權的傀儡。事實上，七十多年來全國人大從未推翻過統治中國的共產黨所決定的議案。例如讓習近平得以終身執政的修憲案，贊成率達九九·八%。監視、處罰香港反政府活動的《港版國安法》，在二〇二〇年也以二千八百七十八票贊成、一票反對的情況獲得通過。

23 主席大人為什麼不管白頭髮？

二〇一九年三月五日，習近平主席出現在中國最大的年度政治活動「全國人民代表大會」開幕式上的模樣，明顯不同於以往，習主席的頭髮變得花白。不過才幾個月前，他還是一頭烏亮的黑髮，難道是太過操勞國事，頭髮才突然變白的嗎？《紐約時報》報導說：「習主席放棄染髮了」。習近平為什麼不染髮了呢？

掌權主席們的共同點就是黑髮

考慮到習近平今年六十八歲，頭髮變白是理所當然的事情，而外界對此大驚小怪也是有原因的。迄今為止，中國最高領導層以黑髮示人成了一種慣例，被稱為「黑髮政治」，英國甚至稱中國最高領導人是一群「黑髮老人」。黑髮是為了讓中國領導人出現在大眾面前時顯得更年輕、更健康的一種方法。而突然出現的白髮，就意味著快退休或快下台了。

這或許是個巧合，不過習主席之前的六位中國國家主席裡，所有掌權者都是黑髮。毛澤東一直到晚年還是接近滿頭黑髮，前國家主席江澤民任期內的一頭閃亮烏髮，就是他的標誌。而前國家主席胡錦濤則是因為「個性一絲不苟，所以每十天就要染一次頭髮」。雖然三位黑髮主席都是名副其實的最高領導人，但其他主席則只是名譽職或不幸落馬。代表性的例子就是第二任國家主席劉少奇，一頭濃密白髮就是他的特徵，他雖然成了毛澤東之下的第二領導人，卻因為文化大革命落馬，最後病死。

一定有人好奇為什麼沒有眾人熟知的鄧小平名列其中？因為鄧小平雖然是中國最高領導人，但他從未擔任過國家主席，他作為軍方最高統帥者，早就已經握有實權，因此毫不眷戀其他頭銜。在中國稱得上是最高領導人的，在毛澤東之後只有五個人。

正如鄧小平毫不執著於國家主席一職一樣，握有無上權力的習主席也對黑髮毫不在意，白髮所自然流露的，是他的自信感。實際上似乎沒有任何勢力可以牽制習主席，他在二〇一三年上台之後就下令展開反貪腐運動，藉此消滅政敵，褫奪最高領導層（七名政治局常務委員）內部分別擁有的權力，一舉掌握在自

圖表｜歷任主席的髮色和地位

	主席	髮色	任期	任內地位
第一任	毛澤東	黑髮	10年	最高領導人
第二任	劉少奇	白髮	7年	第二領導人（下台）
第三任	李先念	白髮	5年	榮譽職
第四任	楊尚昆	禿頭	5年	榮譽職
第五任	江澤民	黑髮	10年	最高領導人
第六任	胡錦濤	黑髮	10年	最高領導人

己手上。由於習主席集所有權力於一身，此舉也受到批判，認為他「打破中國集體領導制度的傳統」。

敢想敢做，就能永遠留任主席一職

不只如此，習主席也為終身執政打下了基礎。原本中國的國家主席任期為五年，可連任兩屆，最多為十年。但習主席在二〇一八年修改憲法，廢除國家主席連任限制，為長期執政鋪路。雖然在每五年召開的黨代會上提前指定繼任的領導班子已經是一種慣例，但習主席在二〇一七年的黨代會上卻未遵循此一慣例。

習主席推動終身執政的舉動也震驚了整個中國。原本在中國，為了世代交替，習慣讓上了年紀的領導人退休。一九八二年鄧小平為了重用年輕幹部建立了一個制度，規定部長級滿六十五歲、副部長級滿六十歲必須退休。二〇〇〇年代之後，政界有所謂「七上八下」⓰的潛規則，也就是包括國家主席在內的重要職位，依照慣例不得由「六十八歲以上的

⓰ 譯註：年齡在六十七歲的話還可以繼任，如果是六十八歲就必須離任。

圖表｜中國歷代最高領導人

	毛澤東	鄧小平	江澤民	胡錦濤	習近平
上任時間	1953年	1978年	1989年	2002年	2012年
任期	41年	11年	13年	10年	至今9年

人」擔任。然而現在看來，習主席在二〇二三年十年的任期屆滿之後，依然擔任主席職位的可能性很高。習主席經常強調要在「二〇三五年實現中國現代化國家的目標」，這聽起來似乎習主席「將任職到二〇三五年，也就是年滿八十二歲的時候」。

因此很多人預測，繼一九五三年生的習近平之後選出的下任領導人，將會是一九七〇年代出生的人。因為隨著習主席長期執政的可能性增加，一九六〇年代出生的「六〇後」從候選名單上被剔除的機率提高。原本重慶市委書記陳敏爾、副總理胡春華等一九六〇年出生的官員，都被視為習主席接班人的可能人選，但如今比他們年輕的一九七〇年代出生的人備受關注。一九七〇年以後出生的中國人，因為是在文化大革命結束之後才來到這個世上，所以都接受了良好的大學教育，也接觸了很多西方思想。如果由他們來領導中國，預計中國將會呈現與現在大不相同的面貌。

主席任期

中國的國家主席、副主席和國務院總理等國家領導人沒有退休年齡的限制，但根據二〇一四年所公布的黨章內容，對於國家領導人的退休年齡規定「在任者不超過七十歲，退休年齡則為七十五歲左右」。習近平主席在二〇二三年第二任任期屆滿時為七十一歲。

終身執政

二〇一八年三月，習近平主席修改中國憲法，廢除「國家主席連任限制」。這樣一來，即使到了習主席任期屆滿的二〇二三年以後，他仍然能夠維持中國最高領導人的地位，這也讓習近平被貼上了「習皇帝」的綽號。不僅如此，鄧小平所建立的「隔代指定接班」的慣例也因此消失。所謂「隔代指定」是指現任主席可以提前指定下下任接班人的意思，二〇一七年黨代會上習近平卻違反此項慣例，並未指定接班小組。

24 中國學生為什麼拿鋤頭代替拿鉛筆：文化大革命

作為中國最負盛名的大學北京大學的校長，在建校紀念大會上念錯中學教科書就教過的字，現場一定萬分尷尬。二〇一八年五月四日北大校長林建華在北大體育館舉行的建校一百二十週年紀念大會上，面對一百一十六所國外知名大學的校長、一百三十所中國大學的校長以及北大出身的知名人士，花了二十分鐘發表一篇紀念辭。然而就在他提到「立鴻鵠之志」時，卻把「鴻鵠」

的發音錯讀為「鴻浩」，「鴻鵠」的意思是指「志向遠大的人」。這個事件在網友之間成為熱門話題，網友們批評「北京大學校長怎麼連中學教科書裡教過的字都不認得」，嘲笑他是「白字校長」。就連網路購物商城裡也出現印著「鴻浩之志」而不是「鴻鵠之志」的運動衫。

最後，林校長在北京大學電子布告欄上發表了一封致歉信。他說：「說實話，我還真的不熟悉這個詞的發音，這次應當是學會了，但成本的確是太高了一些」。林校長坦言：「上中小學時正好趕上文革，教育幾乎停滯了，老師只是讓我們背（毛）語錄和反覆讀毛選，我接受的基礎教育既不完整也不系統」。一九五五年生於山東的林校長，其實是一位眾所公認的天才。他進入北京大學化學系之後，一路取得碩、博士學位，還曾擔任重慶大學和浙江大學校長，二〇一五年開始擔任北京大學校長[17]。誠如他所說的一般，要不是文化大革命，他也不可能犯下讀錯字的失誤。

什麼是文化大革命？

文化大革命是一場長達十年（一九六六～一九七六年）的獵巫行動，也被稱為「十年浩劫」。文革是在當時最高掌權者毛澤東以「打倒資本主義、實踐社會主義」的名義發動。任何被認為與資本主義有關的人都會受到嚴懲，儒家傳統和各種文物被當成舊文化殘渣，遭到禁止或銷毀。

在這所有的過程中，「批鬥者」都是遭到煽動的年輕人。毛澤東動員大學和中學青年組織所謂「紅衛兵」的準軍事團體，促使他們發動文化大革命。一九六六年數百萬的紅衛兵進行全國大串連聚集在北京，得到毛澤東先後八次的接見。自那之後，紅衛兵席捲全國，人數達到一千三百萬之多。紅衛兵組織遊行和宣傳活動，並在各地攻擊高幹、教師、知識分子和藝術家，稱他們是「反革命分子」。

父母被子女告發、學生把老師從講台上拉下來毆打的類似事件層出不窮，甚至連該在醫院裡診治的醫師也被關進監獄裡。全國有一千萬戶家庭遭到搜索，珍貴文書和藝術品被焚毀或摔爛，僅根據官方的統計數字就有超過一百七十萬人在文化大革命期間死亡。中國直到一九八一年才

圖表｜一九六六至一九七六年文化大革命當時受害規模

關押審查	420萬人
非正常死亡	172萬8千人
被以現行反革命罪判處死刑	13萬5千人
武鬥中死亡	23萬7千人
武鬥中傷殘	703萬人
家庭整個被毀	71,200餘戶

資料來源：中國共產黨黨史研究室

⓱ 譯註：林建華因為讀錯字事件於該年十月卸任北京大學校長職務。

對文化大革命做出評價，認為（文革）期間黨、國家和人民遭到建國以來最嚴重的挫折和損失，毛澤東應為「這一全局性的、長時間的左傾嚴重錯誤」負主要責任。

聰明的學生才是文化大革命最大受害者

文化大革命的最大受害者是像北京大學校長林建華那樣，在十幾歲時經歷了文化大革命的英才們。儘管他們具有卓越的能力，成長過程中卻因為處於一個不正常的社會環境，無法好好接受教育。大學入學考試自一九六六年起就被迫中斷長達十年的時間，有不計其數的人被剝奪了應試機會。處在一個肆無忌憚屠戮的社會裡，自然沒有辦法培養文化素質，值此時期，十多歲的人能培養出來的，只有對知識的憎惡罷了。

只有極少數的人，即使在十多歲經歷了文化大革命，依然能在之後的人生裡功成名就，大多數的人都只能像殘兵敗將一樣苟延殘喘。有分析認為，中國領導人中少有一九五〇年代出生的，就是因為受到文化大革命的衝擊。

毋忘文化大革命

但在今天的中國，文化大革命並非禁忌的話題，因此經常成為文學作品或電影裡所描繪的主題。中國知名作家余華的小說《活著》，描寫一個名叫「福貴」的男人一生。福貴帶著即將臨盆的女兒到醫院去，但因為文化大革命的緣故，所有醫生都被關在監獄中，醫院裡只有學生。福貴不得已只好跑去找被拘禁在牛棚⑱裡的醫生過來，給他水和食物，拜託他協助女兒分娩。醫生答應富貴的請託，狼吞虎嚥吃了東西，卻被噎住暈死過去，女兒最終沒能得到醫護人員的幫助，死在了福貴懷裡。⑲

電影《霸王別姬》裡有一幕中國京劇名伶「豆子」（程蝶衣）在文化大革命期間被人民批鬥的場景，把他拉上街頭批鬥的人，就是他的養子，而且養子還當場把豆子是同性戀的事情公諸於世。拍攝這部電影的導演陳凱歌，實際上在文化大革命期間就是一名紅衛兵。正如電影裡所上演的場景一樣，他也曾經上台揭發自己的父親。陳凱歌在自傳裡坦承：「十四歲時，我已經學會了背叛自己的父親」。

⑱ 譯註：文革用語，指各單位（機關、團體、學校、工廠、村鎮、街道）自行設立的拘禁該單位知識分子的地方。

⑲ 譯註：作者所描述的是改編自余華小說《活著》的同名電影情節，而非小說情節。

文化大革命

文化大革命是一場持續了十年的政治運動，由當時最高掌權者毛澤東所發動，目的在於恢復其政治地位，清除反對派。他以「打倒資本主義、實踐社會主義」的名義，煽動學生殺死無數知識分子和高幹。據估計，在這期間至少有一百七十萬人不幸犧牲。

25 禁忌數字「六四」：天安門事件

二〇一九年六月四日，中國天安門事件三十週年的日子，為了紀念這個事件，台灣有二千人聚集在台北，香港則有四萬多人聚集在維多利亞公園。天安門事件是發生在一九八九年，中國軍隊以武力鎮壓聚集在北京天安門廣場上舉行民主化示威的學生和民眾的事件。為了紀念天安門事件三十週年，這天台灣和香港都舉行了示威遊行，強烈要求重新評價天安門事件，反而在事件發生地的中國大陸卻格外安靜。

邀請不同國家的來賓討論各國文化的韓國綜藝節目《非高峰會談》裡，出現了一個意想不到的場面。在討論各國的示威集會時提到了天安門事件，中國籍來賓王心潾突然掩住耳朵說：「學校沒有教過，我不知道」。當主持人駁斥他「即使如此也用不著掩耳呀！」的時候，王心潾一臉尷尬不停地說：「聽不到！」又不是《哈利波特》書中連名字都不能提起的惡人「佛地魔」，為什麼要把「天安門事件」弄得好像連說都不能說、聽都不能聽的樣子呢？

在中國提到天安門事件，真的會被抓走嗎？

天安門事件是一場血跡斑斑的民主化示威，卻給中國人民留下了永久性的示威恐懼症。一九八九年六月四日，中國學生和市民們聚集在北京天安門廣場舉行示威活動，要求民主化，但軍隊卻對他們進行了殘酷的血腥鎮壓。官方宣布的死亡人數為三百一十九人。然而根據英國駐中國大使所製作的正式文件統計，實際死亡人數估計超過一萬人。當時鄧小平下令武力鎮壓示威群眾時說：「不要怕流血，哪怕打死二十萬人，也要控制住局勢，贏得二十年的寧靜」[20]。

由此可知，天安門事件確實是中國最高禁忌之一，中國的網路上與天安門事件相關的檢索詞全都受到管制。代表事件發生日期的「六・四」、「一九八九・六・四」之類的關鍵詞，在網

---

[20] 譯註：此話引用自《朱熔基評傳》，鄭義著，香港明窗出版社，一九九二年十二月出版。

路上全被即時刪除，因此出現了各種暗指天安門事件的隱晦詞，如「五月三十五日」、「八的平方」等等。在中國，與天安門事件相關的論文、小說、電影也被禁止。中國人開發的美國視訊會議軟體應用程式Zoom，就針對二〇二〇年六月「任由用戶舉行天安門事件追思會議」的過失，發表了悔過書。中國唯有在無可奈何不得不提到天安門事件的時候，才會公開以「一九八九年政治風暴」一詞來表示。

天安門事件為什麼會成為禁忌

中國政府擔心重新提起天安門事件的話，可能會引起社會動盪。最重要的是，政府對天安門事件難辭其咎。首先，天安門事件是一起中國軍隊對中國人民的血腥鎮壓事件。中國軍隊的正式名稱是「中國人民解放軍」，原本應該保護人民的軍隊卻屠殺了人民，這可是一件非同小可的事情。再者，若要重新評價天安門事件，就必須承認其「民主化運動的價值」，那問題就產生了。因為中國本身是一個社會主義國家，如果包容自由民主，本質上就會造成混淆。所以在天安門事件發生之後，中國只能將全副精神放在封口上，加強管制。現在，愛國主義和民族主義被稱為所謂的「中國夢」，取代了自由和民主。

與集體遺忘的中國大陸不同，香港和台灣都各自緬懷與紀念天安門事件。香港每年都會舉行大規模的天安門紀念集會，還成立了紀念館。同樣地，在台灣也形成了一股自由談論天安門事件的氣氛。但是有人擔心，隨著《港版國安法》的頒布，香港的情況正在發生變化。因為該法律禁止破壞國家安全的集體活動和個人行為，因此若舉行天安門紀念集會，參加者有可能被冠上分裂國家或恐怖行動罪名，遭到嚴厲懲罰。

另一個天安門事件？

有趣的是，被稱為「天安門事件」的還不只這一樁。中國人聽到「天安門事件」這個詞的時候，他們會想起的經常是另一個事件，而不是我們所熟知的事件。也就是一九七六年四月五日在中國毛澤東體制下的民眾叛亂。當時支持「中國現代化路線」的民眾聚集在天安門廣場上紀念已故總理周恩來，但中國政府卻將他們所留下的花環全部沒收。被此舉惹怒的人們便湧向廣場示威抗議，但在公安局的鎮壓下，不過一天就解散了。一九七六年所發生的這一事件，在一九七八年十一月被重新評價為「革命行動」，收錄在中高等學校歷史教科書中。

逢九魔咒

很奇怪的是，中國似乎存在著年度字尾逢「九」必亂的魔咒。像是最具代表性的天安門事件就發生在一九八九年。西藏要求獨立的武裝暴動發生在一九五九年，因為此一事件流亡海外的西藏宗教領袖達賴喇嘛一九八九年獲得諾貝爾和平獎，卻也造成了中國處境難堪。席捲全球的新冠病毒也是在二〇一九年於中國武漢首次發現。

第3章

外交

——震撼世界的中國外交戰

26 中美之間的「領事館戰爭」

二〇二〇年七月二十七日，飄揚在美國駐四川省成都市總領事館的美國國旗被降了下來。因為中國在這一天關閉了美國駐成都的總領事館，美國駐中國大陸的領事館數量也因此從五個減少到四個。中國國營的中央電視台就像直播體育賽事一樣，直播了美國總領事館關閉的現場情形。中國的社群媒體上出現了許許多多諸如「應該把空下來的總領事館改建成公共廁所」之類貶損美國的留言。

中國為什麼關閉美國領事館？

攻擊是美國先發動的。在中國關閉美國駐成都總領事館的六天前，美國下令中國駐休士頓總領事館在七十二小時內關閉。官方理由是「為了保護美國的智慧財產權和個人資料」，但其實另有真正原因，就是始於貿易戰的美中衝突，致使兩國關係的鴻溝不斷加深，甚至做出關閉外交使館這樣極端的措施。

中美貿易戰始於二〇一七年八月，美國總統川普公開譴責中國「侵害美國智慧財產權，竊取美國企業的技術」。二〇一八年中美貿易戰正式拉開序幕，該年七月美國針對中國進口商品徵收二五％的高額關稅。中國也對此予以反擊，對美國進口商品徵收報復性關稅。到二〇一九年底為止，兩國長期在關稅上互相較勁，直到二〇二〇年一月才簽署了貿易協定。雖然中美貿易戰告一段落，但兩國關係卻不見好轉跡象。二〇二〇年二月雙方針對對方媒體機構相互較勁，四月因為中國新冠肺炎責任歸屬問題，兩國又開始針鋒相對。五月被控有竊取美國企業技術嫌疑的中國通訊裝置製造廠商「華為」，又被擺上了砧板。六月因為中國通過《港版國安法》，兩國之間發生激烈交鋒，最後就爆發了拿對方駐地領事館較量的衝突。

二〇二〇年中美之間持續不斷的衝突

二月　美國，認定中國的五家官媒是「中國政府控制的機構」。

三月　中國，將美國駐該國的三大報社記者驅逐出境。

四月　美國，提出中國應當負起新冠肺炎的責任。

中國，否認新冠肺炎源自中國。

五月　美國，擴大禁止使用美國技術的半導體業者成為中國企業華為的供應商。

六月　美國，通過《香港自治法》，制裁與《港版國安法》有關的人士和企業。

中國，實施《港版國安法》。

七月　美中領事館戰。

隨著二〇二〇年十一月美國大選接近，中國擔心川普的執政團隊會對中國施加更多壓力。實際上，從二〇二〇年下半年開始，美國政界對中國的譴責聲浪急遽上升。二〇二〇年七月，美國國務卿龐培歐（Mike Pompeo）就強調「美國的包容政策創造出了中國這個科學怪人（Frankenstein）」，並且說「我們不會再重蹈覆轍」。科學怪人是英國作家瑪麗・雪萊（Mary Shelley）於一八一八年寫的一部科幻小說中的怪物，這個怪物對創造他的人類進行報復，這個說法也就是把中國定義為「威脅美國的忘恩負義怪物」。

美中衝突的背後有什麼人？

美中較量正式展開之後，有個名字時常被人們掛在嘴上，那就是美國國務卿的中國政策顧問余茂春。二〇二〇年七月，《華盛頓時報》（*The Washington Times*）報導，余茂春被美國國務院稱為「國寶」、「核心」，這意味著美國在制定對華政策時，余茂春發揮了最重要的作用。美國媒體報導說，中國駐休斯頓總領事館的關閉，也受到了他的影響。余茂春其實是中國人，天津南開大學歷史系畢業後，於一九八五年赴美深造，取得碩、博士學位，然後成為美國海軍軍官學校教授。自二〇一七年被派往美國國務院以來，余茂春就一直忠告美國最好放棄「如果持續幫助中國的經濟成長，中國就會轉變為民主國家」的想法。也就是說，他主張對待中國，應該打壓而不是幫助。

中國的反美謀士，是政權排名第五（中國最高領導機構的中央政治局七名常務委員中排名第五）的王滬寧。王滬寧連續輔佐了江澤民、胡錦濤、習近平三位中國最高領導人，並協助制定政策。他在擔任學者期間曾經出版了一本名為《美國反對美國》的書，批判美國政治制度。他在這本書裡分析，西方民主主義只是名義上的存在，實際上美國政治掌控在既得利益集團手中。他認為西方的個人主義、享樂主義和民主主義最終將輸給亞洲的集體主義、忘我主義和權威主義體制，並且主張「中國終將戰勝美國」。

未來，中國和美國也將針對「誰是世界最強國家」這點，展開無止境的較量。中國暴露出一直以來隱藏的霸權野心，美國面對中國的崛起則表現出無法容忍的態度。當美中關係惡化時，受害最大的國家之一是韓國。一直以來，韓國還未被迫必須在美國和中國之間進行選擇，尚且維持著「韓美同盟」很好、「韓中親密」也不錯的氣氛。因此，韓國一直走在安保靠美國、經濟靠中國的鋼絲上。但是最近美國正式和中國撕破臉，就開始要求友邦國家站隊，韓國於是被迫處於該選擇站在哪一邊的煩惱當中。

美中一觸即發的引爆點

從二〇一七年開始關係急遽惡化的美中雙方，未來可能造成一觸即發的引爆點可大致歸結為三點，第一是台灣海峽，第二是南海，第三是科技。台灣海峽是中國大陸和台灣之間的海峽，實際上也是兩個地區之間的軍事分界線。南海是中國與幾個鄰國發生領土爭端的地方。在這兩個地方都存在支持美國的勢力與中國針鋒相對，隨時可能引發武裝衝突。而科技領域則是中國為了經濟成長而全力以赴的領域，因此如果中斷與美國在這領域的人才、技術交流，造成中國企業在美國的損失擴大，就會出現強烈反彈。

27 老一輩為什麼總把中國說成「中共」？

在老一輩的人裡，常有人會把中國說成「中共」。中共是「中國共產黨」的簡稱，這麼稱呼也強調了中國不同於民主主義國家的韓國，是一個處於共產黨統治下的國家。不過自從一九九二年中韓建交之後，這個名稱就逐漸被人們遺忘，如今已經不太使用。

但是，美國最近又以「中共」一詞來取代「中國」。白宮在二〇二〇年五月發布的國家報告《對華戰略報告》中，都將中國稱為「中共」（Chinese Communist Party, CCP），稱中國政權是「獨裁傾向政權」（regime），這詞原本多用來指稱北韓之類的國家。並且還將習近平主席的職稱從原來的「總統」（President）降格為「共產黨總書記」（General Secretary）。

美國為什麼突然改變稱呼？

分析家認為，美國稱中國為「中共」是為了強調中國是與美國對立的共產主義國家，這也意味著美國不再期待中國能轉變成一個民主自由的國家。《對華戰略報告》主張，美國正面臨中國對美國價值的挑戰（Challenges to Our Values），兩國糾紛的本質是「理念上的矛盾」。報告中並表示「我們要保護祖國，捍衛美國人的生活方式」，強調中國正對美國人的生活構成了實質性的威脅。

此外，美國開始以「習近平總書記」來稱呼習近平主席。中國從二〇〇〇年代後半開始，一直要求各國政府使用「總統」作為習主席的英文職稱，目的是為了淡化共產黨的負面形象。此前願意配合中國的美國，現在立場卻突然一百八十度大轉變。習近平主席有三個正式頭銜，整理如下：

習主席的三個頭銜

總書記（共產黨最高領導人）——中國國內常用的頭銜

中央軍事委員會主席（軍方最高統帥）——軍方相關活動時使用的頭銜

國家主席（總統）——外交上常用的頭銜

二〇一九年十一月，在華盛頓特區主要智囊團的中國專家會議上，美中經濟暨安全審查委員會正式提出將習近平的職稱定為「總書記」。他們指出「賦予習近平『總統』這個稱呼，是為中國共產黨的獨裁統治提供了一個民主合法性的掩飾」。

共產黨員不能進入美國

美國改變對中國的稱呼，也顯示出中美之間的衝突愈來愈嚴重，甚至有專家認為，已經加劇到過去冷戰時代的水準。正如喬治・肯南（George Kennan）在一九四六年的報告中預測美蘇之間的冷戰秩序一樣，有分析認為，美國二〇二〇年的《對華戰略報告》是一份昭示美中新冷戰開始的文件。當時擔任駐蘇聯外交官的肯南曾寫過一份八千字的秘密報告，這份報告在美國對蘇聯的戰略上有著決定性的影響。

《港版國安法》實施之後，美國對中共的反應更加強烈。二〇二〇年七月，美國宣布正在考慮一項法案，擬全面禁止中共黨員及其家屬訪問美國。中國官方媒體《環球時報》的總編胡錫進表示：「中國有超過德國人口的九千三百萬共產黨員，如果再加上他們的配偶、子女和父母的話，大概有相當於美國人口的三億人之多。若連兄弟姐妹和配偶的家人也包括進去的話，就達到中國人口的一半」。又說：「如果美國政府失去理性，真的提出這個計畫，那就相當於斷交，或甚至更糟」。

但美國並沒有對中國宣戰。這是因為如果兩國直接發生衝突，事態就會擴大到難以收拾的程度。不過可以肯定的是，中美之間的角力已經形成，今後一段時間內將在所有領域展開火花四濺的激烈競爭。

總書記

這是習近平國家主席在中國主要使用的頭銜，代表中國共產黨的最高領導人。這個名稱在歷史上曾多次改變，但共產黨的最高領導人就是全中國的最高領導人這一事實，則是從來沒有改變過。習主席在外交上的頭銜，使用的一直是「總統」（國家主席），但自二〇二〇年以來，美國便不再稱呼習近平主席為「總統」，而改稱「總書記」，藉以強調他是共產黨最高領導人的意思。

28 比華為「後門疑雲」更重要的事實

連日來在經濟新聞上頻頻提到的「華為」這個名字，即使是對中國毫不關心的人也耳熟能詳。因為華為不只是美國對中制裁的核心，也是除了商業損失之外，企業主自家的海外退休金也蒙受最嚴重損失的企業，說華為正處在美中衝突的火線中央也不為過。到底華為是什麼，竟然能讓世局變得如此紛紛擾擾？

華為是一家什麼公司？

人民幣八千五百八十八億元，這是華為在二〇一九年一年期間所創下的銷售額，淨利潤為人民幣六百二十七億元。華為成立於一九八七年，核心業務是通訊設備和智慧型手機。在通訊設備方面，華為穩坐世界第一的寶座。在實現新一代創新技術核心的5G網路技術上，華為是擁有最多專利的企業。儘管受到美國強烈的抵制法規影響，比二〇一八年（三一％）的市占率下降些許，但排名絲毫不變。而智慧型手機方面雖然尚未超越三星電子和蘋果等既有強者，但華為正在迅速縮小這一領域的差距，成長為深具威脅性的競爭對手。根據市調機構Counterpoint Research

的調查，二〇二〇年第一季全球高端智慧型手機市占率以蘋果的五七%排名第一，三星的一九%排名第二，華為的一二%，緊跟在三星之後。同一時期手機型號別排名，第一名到第四名都是蘋果的產品，第五名則是華為的「Mate 30 Pro 5G」。

有趣的是，華為是一家未上市公司，其內部管理結構依然蒙在一層面紗之後。華為創辦人任正非總裁是中國人民解放軍總參謀部軍官出身，華為在成為中國軍方供應商之後，靠著所賺到的錢成長為如今的大企業，企業名稱也出自「中華有為」（為中國的崛起有所作為）一詞。

華為實際的持股人是誰、股份如何分配，沒人知道，一直以來華為都宣稱「華為股份全由員工持有」。這裡所說的股份是「虛擬股份」，是華為營運上的一種特殊獎勵制度。虛擬股票由上自總裁任正非，下至底層職員共同持有，持有量根據個人績效而有所不同。持有的虛擬股份愈多，代表年終能領到的獎金也愈高。但這「虛擬股份」卻與「華為」這家公司的經營權或控制權完全無關，任正非總裁雖然僅持有全部虛擬股份的百分之〇・八，卻是華為實際掌控者。面對華為的如此作為，以美國為首的西方國家才會不斷懷疑「實際上大部分的股份都是由中國政府持有的吧？」。當然，華為強烈否認這類的懷疑，堅持「這絕非事實」。

中國政府持股率與後門疑雲

美國為了牽制日漸壯大的華為，帶頭提出的質疑就是「後門」爭論，宣稱華為在出口全世界的通訊設備產品上設計了可竊取用戶資料的「後門」，並且依照中國政府的要求，提供透過後門所蒐集到的敏感企業機密和軍事機密等等。倘若真如美國所言，中國政府持有華為大部分股份的話，那麼就意味著中國政府確實有能力指示並要求民營企業華為安裝後門。

但是，「華為設備是否真有後門」的疑雲尚無定論。華為方面聲稱「從技術上來說，後門是不可能存在的」。反而有人批評，這是美國無論如何也要遏止比本國技術先進的中國企業出現，才端出這種政治性的爭議。這裡我們要注意的不是華為後門疑雲的真相，而是中國技術的發展已經造成了美國的緊張，兩國之間的利害關係也變得複雜起來。萬一將來華為掌握全球5G市場，成為世界標準的話，那麼將對美國構成巨大威脅，因為5G是建造以人工智慧為基礎的智慧型城市、智慧型工廠、自動駕駛、機器人的基礎設施。雖然在自動駕駛和人工智慧技術方面，美國領先中國，但如果在5G方面失去領先地位，美國就只能透過向中國支付各種與5G相關的專利費用來發展該技術。

帶頭排擠華為的美國

事實上，美國從二〇〇七年就開始公開制裁華為，不僅阻止華為收購美國伺服器大廠三葉（3 Leaf Systems），還指控總裁任正非向伊朗提供通訊設備，違反對伊朗的制裁等等。但美國對華為真正嚴厲的制裁是在二〇一九年五月實施，明確將華為列入禁止與美國企業交易的黑名單當中。

到目前為止，華為一直嚴重依賴美國企業所生產的零組件和軟體，其中最具代表性的便是谷歌的智慧型手機操作系統（OS）安卓（Android）。正如三星電子的智慧型手機建立在安卓系統上運作一樣，華為的產品基本上也依賴谷歌的技術。但是由於美國政府的制裁，使得谷歌不可能再與華為打交道，因此谷歌也無法將更新的安卓系統出售給華為。與此同時，安卓系統默認的基本程式如Gmail、YouTube、Chrome瀏覽器和應用程式商店也全都無法繼續使用。華為雖然急忙開發自家操作系統和應用程式商店，但倉卒建立的智慧型手機操作系統，不可能一下子就趕上安卓系統，這就等於華為智慧型手機被奪走了「心臟」。

二〇二〇年五月，黑名單適用的範圍從美國企業擴大到使用美國技術的海外企業。這是繼「心臟」之後，美國又打算把被稱為智慧型手機「大腦」的應用處理器（Application Processor）半導體供應也中斷。目前華為智慧型手機中所搭載的大部分半導體，都是由其子公司海思半導體所設計的產品。問題在於，海思所設計的半導體是委託台灣的台積電生產的，而台積電正屬於「使用美國技術的海外企業」。台積電在美國發布規範之後，就決定不再接受華為新的半導體訂單。

但美國並未止步於此，又在二〇二〇年八月十七日發表了更嚴格的追加制裁措施。如果說之前禁止了華為在設計半導體時使用美國技術的話，那麼這次就規定了任何使用美國技術或設備製造半導體的廠商都不得供貨給華為。也就是說，在堵死了華為使用美國技術製造半導體之路後，又阻擋華為購買其他廠商所設計的半導體。這項禁令為什麼如此強大？因為全球半導體行業中完全不使用美國技術的廠商，可說一家都沒有。換句話說，這項制裁案切斷了華為購買半導體的所有途徑。面對在二〇二〇年九月十五日實施的這項制裁，華為調用了所有包機，把台灣半導體製造廠商的最後一批半導體全數掃了回來。在華為所調用的包機裡，甚至還堆滿了尚未經過品管檢驗或包裝處理的產品。

半導體業界預估，華為目前所擁有的半導體數量，僅夠支撐未來六個月。據悉，華為自家開發的半導體芯片「麒麟9000」的庫存還剩下約一千萬片。這也意味著搭載該芯片的華為智慧型手機新產品「Mate 40」就算需求量再多，也只能生產一千萬支而已。當這數量全部消耗殆盡之後，除非美國撤銷制裁案，否則華為的智慧型手機業務和半導體業務未來都將淪為有名無實的部門。

美國不只對華為的產品施加壓力，就連總裁任正非的女兒，即華為首席財務長孟晚舟，也於二〇一八年十二月在加拿大溫哥華被捕，至今依然腳踝戴著定位追蹤器，處於被軟禁的狀態。這是因為美國檢察官以孟晚舟違反對伊朗制裁的罪名起訴她的緣故，孟晚舟截至二〇二一年四月仍在以法律訴訟阻擋其被引渡到美國接受審判。

華為黑名單

二〇一九年五月，美國商務部將華為列入禁止美國企業交易的清單當中，宣稱華為涉及違反美國國家安全，甚至宣布國家進入緊急狀態。受到黑名單效應的影響，不只是高通（Qualcomm）的半導體，就連谷歌的安卓操作系統和各類軟體，華為都無法繼續購買。

到了二〇二〇年五月，美國又將黑名單適用企業的範圍擴大到「使用美國技術的海外企業」，實際上也就是禁止韓國三星、台灣台積電等全球所有半導體製造廠商向華為供貨。華為黑名單事件被視為美國阻撓中國技術崛起的代表性措施。

29 夾在中美之間兩難的TikTok

提供十五秒短影音創作分享的TikTok（抖音），是一款備受歡迎的社交媒體，不僅流行全世界，就算在韓國國內也有許多人使用。韓國歌手Zico的「新歌挑戰」（Any Song Challenge）[21]，

㉑ 譯註：韓國饒舌歌手禹智皓，藝名Zico，推出新歌〈Any Song〉，並配合發起宣傳活動，聲稱只要將個人創作的〈Any Song〉舞蹈上傳至社群網站，就有可能獲得Zico親筆簽名專輯。

因為有眾多藝人加入挑戰行列而形成話題，而這項活動也是在TikTok平台上擴散開來的。到二〇二〇年四月為止，TikTok在全球的下載量已超過二十億次，如今這世上是如同「YouTuber」一樣發揮強大影響力的「TikToker」登場的時代。但是卻少有人知道，這個成功的社交媒體服務平台的總部就位在中國北京。

TikTok，中國的驚世之舉

經營TikTok的科技公司「北京字節跳動」，總部就位於中國北京，創辦人張一鳴，現年僅三十七歲，畢業於著名的理工大學天津南開大學軟體工程系。他的名字也深具意義，取自中國成語「一鳴驚人」，意思是「一出聲就令人吃驚」。有趣的是，張一鳴在中國網路企業創辦人當中也以沈默寡言，拙於言詞出名。然而就像他的名字一樣，他以TikTok在世上一鳴驚人。

張一鳴大學畢業之後在一家線上公司從事軟體開發工作，二十九歲時離職創辦「字節跳動」。當時最先推出的服務「今日頭條」，是以人工智慧技術為基礎推薦用戶感興趣的新聞，這比最近才在新聞推薦上引進人工智慧技術的韓國網路公司要早了好幾年。在籌備這項服務的當時，為了吸引投資，張一鳴帶著提案書去找了世界最大的風險投資公司Square Capital，但卻被嘲笑是「荒誕無稽的提案」，這也成了著名的逸聞之一。然而，超出Square Capital意料之外的是，「今日頭條」一推出才三個月就擁有了一千萬名用戶，此時所賺到的資金也成了今天TikTok

誕生的基礎。字節跳動在二〇一六年九月於中國市場以「抖音」之名推出可上傳短影音的社交媒體應用程式。翌年收購在美國爆紅的短影音應用程式「musical.ly」，同時將服務平台名稱改為「TikTok」，開始在海外市場提供與「抖音」相同功能的應用程式服務。TikTok上市僅三年，就成長為可以在一百五十多個國家使用七十五種語言的全球社交媒體。

TikTok的成功所代表的意義

TikTok的成功在中國資訊技術產業中被視為一個非常重要的里程碑，到目前為止，中國科技業一直都是跟在先進國家率先推出的服務後面，成為後起之秀。例如百度是模仿谷歌的搜尋功能、阿里巴巴模仿亞馬遜的線上購物模式，然後才以龐大的中國內需市場為跳板成長起來。以即時通訊軟體「微信」（WeChat）而聞名的騰訊，最早也是模仿韓國「CyWorld」創造出「QQ秀」（建立在虛擬形象上的迷你首頁服務）起家的，因此中國科技業一直擺脫不掉「塊頭雖大，卻非原創」的標籤。

但是TikTok卻不一樣，是中國創業（startup company）服務平台在海外市場獲得認同的首例。被稱為「世界工廠」的中國，雖然在製造業領域獨占鰲頭，但在以創意為核心的軟體市場上，其實從來不是美國的對手。不過TikTok卻一舉顛覆了這個版圖，尤其在美國市場大受歡迎。最近美國國內非遊戲類應用程式下載排名，TikTok已經超越了臉書和Instagram，並且在二〇一九年九月，於位在美國矽谷中心的加利福尼亞州山景城（Mountain View）當地設立了辦公室，這裡原本是臉書所收購的即時通訊應用程式「WhatsApp」的辦公室。與此同時，TikTok還以「調高年薪二〇%」的條件，展開攻擊性的挖角行動，氣勢之盛讓當時矽谷的科技巨頭深感威脅。

據悉，非股票上市公司的「北京字節跳動」，最近企業價值已經超過了一千億美元。自打敗Uber、JUUL LABS、airbnb等美國知名創業公司，登上「世界最大獨角獸」寶座之後，匆匆一年過去，字節跳動在二〇二〇年第一季銷售額為人民幣四百億元，這個數字相當於韓國國內最大網路公司NAVER在二〇一九年一整年的銷售額（約人民幣三百八十六億七千萬元），因此被中國國內戲稱為「瘋狂印鈔機」。

圖表｜字節跳動和NAVER二〇二〇年第一季銷售額

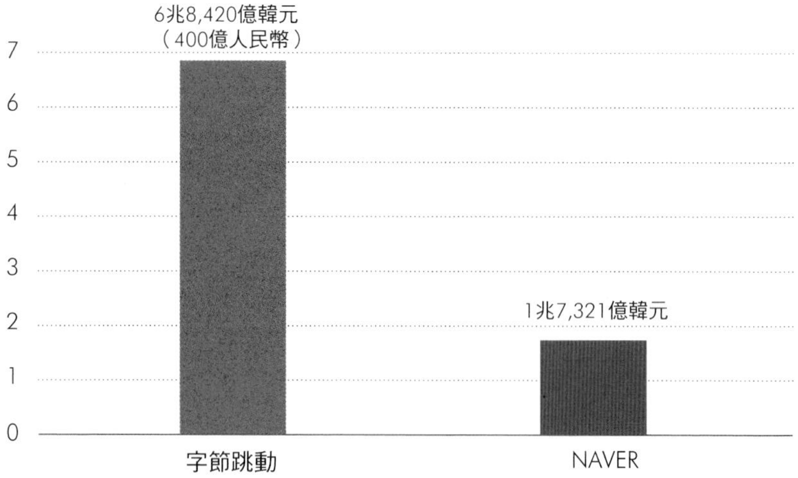

藉由這樣賺來的錢，字節跳動建立起不亞於谷歌和臉書的「網路王國」，靠著雄厚的資本，從影音、遊戲、線上教育、金融科技到智慧型手機的製造，將觸角無限延伸至前輩企業搶先占有的領域。中國當地已經出現應將指稱中國科技業三人幫「BAT」（百度、阿里巴巴、騰訊）中的「B」由「Baidu」（百度）改為「ByteDance」（字節跳動）的說法。

捲入中美衝突的TikTok

然而一路鴻圖大展的TikTok最近卻面臨前所未有的危機。美國的行政部門指控TikTok服務涉及「資料安保」問題，強迫字節跳動出售TikTok。二〇二〇年七月，川普政府以總部位於中國的TikTok非法蒐集美國用戶個資提供給中國政府為由，揚言將禁止在美國使用TikTok。也就是說，若想避免此種情況，就必須將TikTok的美國業務出售給美國企業。美國政府的威脅公開之後，出售TikTok的計時器也開始加速。根據川普總統在二〇二〇年八月六日所簽署的行政命令，TikTok必須在該年九月二十日以前選好收購該公司的對象，否則TikTok在美國將會遭到停用。從全球業務占比頗巨的字節跳動立場來看，他們無法抗拒川普的要求。因為TikTok若在美國遭到停用，那麼在美國同盟國的西方國家中遲早也會遭到同樣命運。字節跳動創辦人張一鳴只能有苦難言地推動出售TikTok的工作，包括微軟、沃爾瑪、谷歌、甲骨文、軟銀、推特等美國著名企業都爭相投入收購戰中。

但中國對此不可能毫無作為地冷眼旁觀，中國商務部和科技部在二〇二〇年八月二十九日調整發布《中國禁止出口限制出口技術目錄》，TikTok的人工智慧技術也在限制出口項目之列。這意味著若想收購TikTok，就必須先得到中國政府的許可才行。

夾在美國和中國政府之間的TikTok營運商「字節跳動」於二〇二〇年九月十三日突然宣布，在無數收購競爭者中選擇了甲骨文公司作為「可信賴的技術夥伴」。TikTok的核心技術並不出售，但美國國內用戶資料的管理和平台服務則交由甲骨文負責，也就是採取「部分出售」的方式。不過兩家公司到二〇二〇年十一月為止尚未能達到具體協議，也就是說，還無法擬定一個能滿足美國和中國兩方面的協議案。就在協商進度停滯不前之際，美國法院阻止了川普政府對TikTok的禁令。雖然讓TikTok的出售案無法順利收尾，至少阻止了TikTok在美國被停用的命運。原本川普政府計畫在十一月中讓TikTok退出美國市場，但隨著川普總統尋求連任失敗，TikTok的未來會有什麼變化，誰都不敢預測。來自中國、備受矚目的全球最大新創網路公司TikTok，如今發展就像風雲變幻一般難以逆料。

30 有完沒完啊？中國的薩德報復

當習近平主席將於二〇二〇年下半年訪問韓國的消息傳出後，韓國媒體的注意力全都集中在是否取消「限韓令」（韓流禁止令）上面。限韓令是二〇一六年韓國確定部署薩德之後，對此倍感憤怒的中國所採取的報復措施，禁止韓流進入中國。薩德是美國的防禦飛彈系統，可以在飛彈擊中目標之前攔截擊落，被視為未擁有核武的韓國對付北韓核飛彈必不可缺的防禦性武器。

薩德報復所造成的損失

薩德事件後遺症的持續時間比預期要長得多，現在甚至出現中韓關係要以薩德事件前後來區分的說法。中國以限韓令為始的報復，讓韓國損失慘重。原本預定在中國舉辦的K-Pop演唱會全數取消，一度在中國最受歡迎的韓國電視節目也從中國廣電界消失無蹤。韓國演藝界人士進軍中國的計畫也泡了湯，每年數百萬名到韓國旅遊的中國團客也絕了足跡。此舉讓絕大多數銷售額都依賴中國客的韓國營業場所，一夕之間面臨倒閉危機。免稅店的打工學生被解雇，旅行社部長不得不遞出辭呈。

然而損失最嚴重的，是進入中國市場的韓國企業。樂天（LOTTE）遭受提供薩德用地的指控，不得不關閉大部分在中國的業務，在無法承受中國密集的稅務調查和停業的命令之下，終於在二〇一八年出售中國境內所有的樂天瑪特（LOTTE Mart）賣場，並在二〇一九年三月退出中國國內的食品製造業。現代汽車也因為中國的抵制行動遭受打擊，在中國的汽車市占率大幅下降。中國的一家旅館內的酒吧門前，還曾經貼出「禁止韓國人和狗進入」的字句，對韓國人的嫌惡情緒達到了頂點。

中韓之間無從縮小的立場差距

中國堅持反對薩德，最早是在二〇一四年七月表達出反對的立場，當時韓國才僅僅開始討論部署薩德而已。二〇一六年三月，習主席在華盛頓與韓國前總統朴槿惠會談時又再次申明反對薩德的立場。但是由於北韓一再發射飛彈挑釁，韓國終於在二〇一六年七月決定部署薩德。二〇一七年九月，薩德臨時部署在慶尚北道星州市，目前正在運作中，也為幾年後的正式部署進行各項準備。

為什麼中國對韓國部署薩德如此敏感？中國認為薩德部署在韓國有可能威脅中國的安全，如果中國發射洲際彈道飛彈（ICBM）攻擊美國本土的話，部署在鄰近韓國國內的薩德雷達就可以探測到。但是韓國強調，如果在朝鮮半島上部署薩德，將僅用於對應北韓的核武和飛彈威脅，不會針對任何第三國。薩德是由韓美軍事同盟決定的，因為對中國不存在威脅，因此中國無權干涉。

重新開放赴韓觀光團是解除限韓令的信號彈

幸運的是，即使面對中國的薩德報復，韓國擁有優勢的大多數企業並未受到重創，像是出口到中國的半導體、顯示器和石化產品數量均維持不變。因為這些領域都是他們的弱項，因此中國即使想報復也不敢輕易下手。

如今薩德所造成的負面風暴似乎有逐漸平息的趨勢，二〇二〇年七月一日，韓國觀光公社和中國最大的旅遊網站攜程網（Trip.com）共同舉辦了韓國旅遊商品促銷活動。這是自二〇一七年實施限韓令以來，韓國旅遊商品首次在中國正式公開銷售。這天的活動以網路直播方式進行，吸引了二百萬名中國人共襄盛舉。即使是韓國旅館以「新冠疫情結束使用」的條件所推出的住宿券和滑雪場使用券等等，也意外告罄，證明了韓國旅遊大受歡迎。

限韓令

二〇一七年中國所下達的韓流禁令，但中國政府從未公開承認此舉。二〇一六年七月確定薩德將部署在韓國之後，限韓令就成了對此的報復措施，不僅禁止在中國國內銷售赴韓團體旅遊商品，就連韓國影視節目的播放或邀請韓國藝人上節目擔任來賓等等也在禁止之列。二〇二〇年限韓令開始出現鬆動的跡象。

31 告別韓國，歡迎日本：遊戲規則

萬國覺醒、奇蹟之劍、荒野亂鬥、蘭格利薩戰紀……這些都是玩過手機遊戲的人非常熟悉的遊戲名稱。這些遊戲的共同點就是，全都是在二〇二〇年上半年韓國國內谷歌商店（Google Play）遊戲類應用程式銷售排名前二十的「中國製遊戲」。或許有些手遊達人會問：「荒野亂鬥不是一款由芬蘭遊戲開發商超級細胞所開發的遊戲嗎？」很遺憾的是，「超級細胞」早於二〇一六年在迅雷不及掩耳的情況下被中國騰訊收購了。就連設計出著名的「英雄聯盟」（LOL）的美國遊戲開發商「銳玩遊戲」（Riot Games），也從二〇一五年開始成為騰訊持股百分百的子公司。這世上已經不再是由「美國製遊戲」引領全球市場的時代了。

中國遊戲何時開始走紅？

其實中國遊戲一開始並不被看好，在這個領域引領風騷的是韓國。從二〇〇〇年代初期網路正式普及的電腦遊戲為始，到人手一支智慧型手機之後的手遊市場，韓國業者都以壓倒性的優勢縱橫全場。即使到了二〇一〇年，中國國內最受歡迎的線上遊戲清單裡，一半以上都是韓國製遊戲。中國遊戲開發商只會汲汲模仿韓國遊戲，製造出一堆水準低落的「山寨遊戲」。但中國政府也不是好欺負的，不可能眼睜睜看著韓國遊戲開發商在中國大量吸金。為了從戰略上培植國內的遊戲公司，中國規定海外線上遊戲只能透過中國遊戲業者提供服務。中國遊戲業者藉著這項措施，得以學習到韓國線上遊戲公司的開發和經營訣竅。事實上，目前在中國最賺錢的韓國遊戲商NEXON的線上遊戲「地下城與勇士」，每年可賺取超過一兆韓元（約台幣二百五十億元）的版稅，但這個遊戲的中國代理發行商騰訊，卻能靠銷售和廣告賺入更高收益。

韓國線上遊戲界也出現中國政府故意對之前中國製的大量山寨遊戲視而不見的批評聲浪。也就是說，中國故意放寬著作權限制規定，以便提供足夠的時間讓國內的遊戲開發商急起直追，迎頭趕上。於是挾著龐大資金和開發技術的中國遊戲開發商，在最近的四、五年期間便以更華麗的影像和內容武裝起來，推出多款競爭力遠超韓國的優質線上遊戲。同個時期，諸如銳玩遊戲、超級細胞等大型遊戲公司也紛紛被中國企業收購，中國已經成為名副其實的遊戲強國。

韓國遊戲處於劣勢

在此之際，韓國遊戲完全被排擠在中國市場之外。從二〇一六年中國和韓國因為薩德的部署開始出現衝突之後，中國將手機遊戲版號[22]的核發由建議事項改為強制要求，並將韓國新開發的遊戲拒之門外。翌年三月，韓國遊戲商SmileGate的「穿越火線手遊」推出之後，中國便完全封鎖了韓國遊戲。當然，一向對政治敏感事件不輕易置評的中國政府，也從來沒有明確表示過「是因為薩德才對韓國遊戲的流通造成不利影響」。但實際上，自從薩德衝突開始之後，三年多來沒有任何一款韓國遊戲得到中國政府的新遊戲版號。

另一方面，中國卻對日本遊戲敞開大門。二〇一八年初，中國政府強化遊戲規範，全面凍結新遊戲版號的核發，但只維持了一年，二〇一九年三月又恢復核發版號給海外遊戲。當時新核發的三十組版號之中，日本遊戲就占了八組，之後每個月也核發版號給十餘款日本製遊戲。例如二〇一九年八月在中國舉辦的最大電玩展「二〇一九中國國際數碼互動娛樂展覽會」（ChinaJoy 2019）中，像是萬代南夢宮娛樂、DeNA等日本參展商的數量之多，僅次於中國業者。幾年前，韓國遊戲開發商還在盛會上大放異彩，但這次擺設攤位參展的韓國業者卻只有Kakao Games一家而已。

版號審核凍結日誌

二〇一七年三月　韓國SmileGate「穿越火線手遊」是最後一款取得版號的遊戲
二〇一八年三月　中國政府全面凍結核發新遊戲版號
二〇一八年十二月　中國恢復核發版號給本國遊戲
二〇一九年三月　恢復核發版號給海外遊戲（不包括韓國遊戲）
二〇二〇年十二月　時隔四年核發版號給韓國遊戲

中國為什麼向日本開放市場？

在趕上電腦遊戲和手機遊戲領導者韓國之後，中國的下一個目標是遊戲機市場。亞洲的遊戲市場是以電腦遊戲和手機遊戲為主流，但日本和西方國家則與亞洲不同，仍然是以將遊戲機連接到顯示器享受遊戲樂趣的主機遊戲（Console Game）市場為主要趨勢。既然已經無法從韓國學到更多技術，中國便以偷師韓國技術的同樣方式，也就是開放市場、學習技術的政策，把觸角伸向日本。

㉒譯註：中國新聞出版廣電總局批准相關遊戲出版營運的批文號，簡稱「版號」，相當於遊戲的出生證明。

有趣的是，中國因為固有的反日情緒，一直以來都不許日本製遊戲正式進入中國。任天堂遊戲機「任天堂Switch」至今也未取得在中國銷售的正式許可。就連著名的寶可夢遊戲也沒能正式在中國登陸。這是因為中國當地已經有更繽紛多彩的山寨寶可夢遊戲出現，讓原作毫無立足之地。然而中國政府終於在二〇一九年年底允許任天堂產品由騰訊代理經銷。當然，天下沒有白吃的午餐，騰訊勾勒了一個大遠景，試圖通過與任天堂的合作，學到遊戲機製造的專業技術，未來以自製產品攻陷歐洲和北美遊戲機市場。就如過去對待韓國遊戲開發商的方式一樣，他們故技重施，正準備超越日本。

中國新遊戲版號

遊戲想在中國市場銷售獲利必不可少的許可證。截至二〇一七年，已核發版號給九千三百六十九款遊戲，但近兩年總量大幅減少，二〇一九年一整年只核發了一千五百七十件。中國政府藉此監管本國遊戲產業以便控制遊戲內部輿論，也是防止外國遊戲大量湧入的一種保護措施。特別是在對待韓國方面，自從二〇一六年韓中薩德衝突以來，至今三年多的期間沒有任何一款韓國遊戲獲得新版號。

32 東北工程：中文版維基百科為什麼說金妍兒是朝鮮族？

網路上的中文版維基百科裡，將花式滑冰女王金妍兒標記為「朝鮮族」。如果點擊中文「朝鮮族」條目的話，就會看到包括金妍兒在內，還有朝鮮王朝世宗大王、韓國國父白凡金九、前聯合國秘書長潘基文、演員李英愛的照片。這些人全都被標記在「朝鮮族的代表人物」中，就連北韓的金日成和韓國前總統金大中的照片也羅列其中。該條目內容第一句就是「朝鮮族，又稱韓民族」。

中國堅持把韓民族說成「朝鮮族」的原因

中國有相當多的年輕人相信，韓國源自中國，韓民族的母體是中國的少數民族朝鮮族。這是東北工程[23]聲稱「高句麗是中國的一部分」、「高句麗人是中國後裔」所造成的餘波。始於二

[23] 譯註：東北邊疆歷史與現狀系列研究工程，簡稱東北工程，是中國二〇〇二年開始進行的一項歷史研究項目，該項目共計一百零七個課題當中，包括韓國古代史、韓中關係、朝鮮半島在內，與韓國史或朝鮮半島有直接、間接關係的主題占了五〇%。

〇〇二年的東北工程，是中國政府的一項國策研究項目，旨在將高句麗和渤海國等發生在中國境內的所有歷史全都定義為中國歷史。有許多觀點認為，中國政府最擔心的就是少數民族脫離中國獨立，為了洗腦生活在中國東北地區的朝鮮族，才會推動這項研究。

東北工程的荒謬論點

「高句麗是建立在中國土地上的一個地方政權，而不是獨立國家。」

「高句麗人是中國顓項高陽氏[24]的後裔。」

二〇〇一年新開設的中文版維基百科中，在東北工程正式啟動之後，就開始出現許多貶低韓國或將其描述為屬國的條目。儘管二〇一九年中國封鎖了維基百科，但如果使用VPN（虛擬私人網路）軟體的話，還是可以造訪該網站。

然而中國網民為什麼在維基百科上堅持將韓民族說成是朝鮮族呢？這是為了操作世上使用率最高的搜索引擎谷歌的搜尋結果。由於谷歌對維基百科的可信度給予了最高評價，因此總是在搜尋結果頂端首先顯示該語言的維基百科條目。如果中文版維基百科的文檔遭到人為編輯，谷歌的搜尋結果也會受到影響。因為維基百科標榜人人都可自由編輯，因此經常出現中國網民隨心所欲放入符合自己口味的內容。事實上，在谷歌的檢索欄位中輸入「韓民族」的話，最頂端顯示的會是維基百科的「朝鮮族」條目。就算在中文版谷歌輸入代表「韓民族」之義的英文單詞

「koreans」進行搜尋，得到的結果也一樣。全世界人使用谷歌搜尋的件數每秒平均高達四萬件，占了全世界檢索量的九〇％。中國只要通過操弄維基百科，就能操縱全世界最強大的情報窗口。

維基百科編輯攻擊的對象

但是，即使在中國內部，對於將韓民族說成是朝鮮族一事也存在疑問。因為中國國內的「朝鮮族」一詞指的是中國五十五個少數民族之一。甚至由中國最大的搜尋引擎「百度」所提供的「百度百科」裡，也明示著「朝鮮族不同於包括韓國人在內的韓民族」、「應當避免出現以『朝鮮族』的詞語稱呼韓國人」。中國專家甚至提出「將韓民族說成是『代表中國境內朝鮮族』之義的朝鮮族，十分不恰當」。

中國極端網民在維基百科上的「編輯攻擊」不只針對韓國，只要涉及香港示威、台灣主權、達賴喇嘛等敏感國際問題的每項條目，他們都會一再修改文檔，放入對中國有利的內容。二〇一九年，「台灣是中國一省」的句子被放進中文版「台灣」的條目內容裡，但由於台灣人的反擊而被刪除。而針對「香港示威」條目的內容，參與集會者到底是示威者，還是暴民，中國大陸與香港網友之間爆發了數百次的修改戰爭。西藏流亡政府領導人「達賴喇嘛」一詞在英文版維基百

㉔ 譯註：中國歷史傳說人物，為五帝之一，封地在高陽，故又稱其為高陽氏。

科條目文檔裡「是中國人」的說法不斷放了又刪，刪了又放。

然而，像這樣的維基百科編輯攻擊，難道只是不特定人士自發性的行為嗎？英國廣播公司BBC認為，中國網民們在維基百科上的積極活動，「看起來像是在中國政府主導下進行的系統化修改作業」。

東北工程

中國自二〇〇二年以來所推動的東北邊疆地區歷史研究項目，這是為了把高句麗、渤海國等在中國境內發生的所有歷史都變成中國歷史的一項國家政策。由於嚴重歪曲韓國歷史而造成了問題。引發問題的代表性主張便是「高句麗是建立在中國土地上的一個地方政權，而不是獨立國家」、「高句麗民族是中國古代的民族」等等。中國政府擔心少數民族脫離中國獨立，因此為了給生活在中國東北地區的朝鮮族的歷史意識洗腦，推動了這項計畫，以應對未來可能發生的國境紛爭。

33 韓戰怎麼成了偉大的「抗美援朝」？

一九五〇年六月北韓南侵爆發韓戰，一直持續到一九五三年七月才停火。韓國將這段南北韓之間的戰爭稱為「六・二五戰爭」，是影響今天韓國地位最重要的歷史事件之一。然而，為了支援北韓而參與了韓戰的中國，是否抱持和韓國同樣的觀點來解釋這一歷史事件呢？

韓戰怎麼成了反美戰爭

中國學生在學校裡學到的韓戰，稱為「反美戰爭」，是對抗「美國安保威脅」的一場「反侵略戰爭」。教科書中還包含著「抗美援朝（中國對參與韓戰的說法）戰爭的勝利，使中國的國際威望空前提高」的內容。中國學生是在初中二年級上必修課「中國歷史」的時候，才正式學到有關韓戰的細節。中國人民教育出版社所編撰的教科書裡將韓戰稱為「抗美援朝」，以一整章的篇幅來介紹。這本教科書中直接省略掉韓戰爆發的源頭——北韓南侵，只以「一九五〇年六月朝鮮爆發內戰」一語帶過。並且表示聯合國軍隊挺進到鴨綠江邊，美軍部隊阻撓了台灣的解放（中國的統一進程）等「嚴重威脅中國的安全」，以此強調參戰的必要性。教科書中還提到毛澤東在演說裡「應當參戰，必須參戰，參戰利益極大，不參戰損失極大」的發言，並且以「思考參戰必要性」作為討論主題。

同時，教科書中還敘述「抗美援朝戰爭的勝利，為中國經濟建設帶來相對穩定的和平環境，大大提高了中國的國際地位」。從中國的立場來評價這場戰爭的話，就是中國力抗美國帝國主義，獲得空前成功。習近平主席在二〇一〇年還是副主席的時候，就曾經在中國迎接「中國人民志願軍抗美援朝出國作戰」六十週年的座談會上說，中國的抗美援朝參戰是「保衛和平、反抗侵略的正義之戰」。

隨著美中衝突加劇，韓戰就愈常被提及

隨著二〇一八年美中貿易戰爭的加劇，中國又再度提起韓戰。中國國營的中央電視台在二〇一九年五月破例緊急播出有關中國參與韓戰的多部電影，其中也包括了描寫在咸鏡南道蓋馬高原所展開的長津湖戰役的電影。因為這場戰役造成了美軍一千零二十九人死亡，四千八百九十四人失蹤，是美軍戰爭史上最艱困的一場戰役。

抗美援朝

「抗美援朝」戰爭是中國對韓戰的正式名稱，意思就是「對抗在美國支持下的韓國入侵，援救朝鮮（北韓）的戰爭」，被中國視為挫敗美國獲得勝利的戰爭，這也是每逢美中貿易戰等兩國衝突之際，中國就會再三提起抗美援朝的原因。但與中國聲稱獲勝的說法大相逕庭的是，眾所周知，中國在韓戰中蒙受了人員與物資的巨大損失。

34 中國為何讓北韓得以喘息？

「這包包從哪邊拿到的啊？明明店裡還沒上架？」

「就拜託我家主人（老公）的啊。」

這段對話是大獲好評的韓國有線電視台tvN連續劇《愛的迫降》中，描繪北韓上流社會的女性坐在咖啡廳中互相稱讚對方手中名牌新品包包的場景，北韓因接連進行核子試爆，所以從二〇一六年起就遭受國際社會高強度的進出口限制，劇中出現的名牌包包就列在進出口管制貨品的清單，根本不可能在北韓境內流通。所以這一場面是虛構的嗎？不，事實上北韓透過中國這個鄰居悄悄進口必要物資，其中當然包含奢侈品。

中國私下幫北韓的理由

北韓新義州相鄰的中國都市——丹東，在二〇一三年設立古馳（GUCCI）商場，該商場在當地被稱為「北韓古馳一號店」，會有這一暱稱是因為經常有來自北韓的客人光臨該商場，在中國僅有大都市會設立商場的名牌古馳，選擇進駐丹東這一小都市的原因就是北韓的需求，商場常客多為從北韓來的貿易商，他們會帶回許多古馳產品到平壤販售，或當成禮物餽贈給上級；不論國際社會如何制裁北韓，中國這一樞紐又再次讓制裁行動化為烏有，中國在國際社會制裁北韓的當下，無疑成為了北韓的救世主，北韓在貿易多數遭到封鎖的情況下，開始對走私行為睜一隻眼閉一隻眼，與中國之間的交易絡繹不絕，中國不僅無視數萬名北韓非法滯留者在中國工作，甚至於在二〇一九年還刻意追加數十萬名中國觀光團到北韓觀光，以各種手段協助北韓。

中國如此支援北韓最大目的是想維持北韓體制，因為若北韓崩盤，中國國境就免不了會湧入許多脫北者，讓中國難以負荷，而若北韓消失了，中國在鴨綠江的國界上就必須與美軍直接面對面。同時對中國的經濟也有助益，中國與北韓相鄰的國界是被稱為東北三省的吉林省、遼寧省、黑龍江省，這個區域的人口有一億零五百九十五萬，雖然僅占中國總人口數的八・三%，卻是中國最落後的地區，儘管這個地區曾是中國重化工業重鎮，有過輝煌時期，但因無法順應中國經濟結構改變而沒落，所以北韓的經濟發展成為這個地區最可能的突破點，東北三省一旦與北韓連結，就能延伸至太平洋與韓國，成為高速發展的跳板。

再者，可以廉價的從北韓買入礦物與勞動力，對於地區經濟的發展是相當重要的燃料，中國政府為了一直被忽略的東北三省的經濟發展喊出「東部振興策略」，因而鼓勵與北韓經濟合作，又認為「不斷壓制北韓只會產生反抗」，不如增加經濟交流為佳，既可賺錢又能培植對北韓的影響力。

中國與北韓更親進近？

長久以來中國就是北韓唯一的經濟夥伴，所以今日

圖表｜中國在對北韓制裁的情況下協助北韓的方式

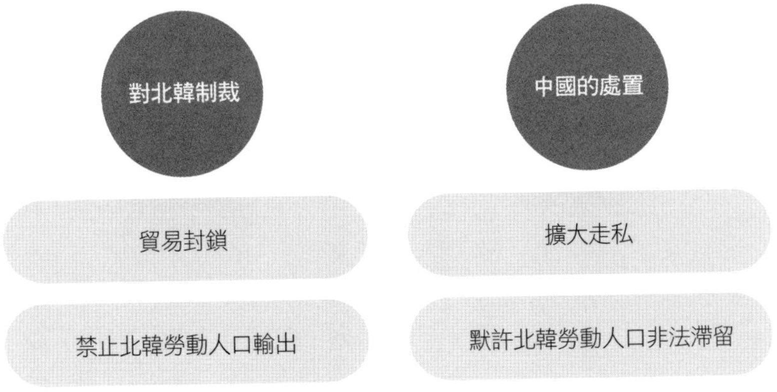

北韓經濟依舊從屬於中國，北韓與中國貿易量在二〇一九年約二十八億零五百萬美元，占北韓對外貿易的九成以上，而原本是北韓最大幫手的俄羅斯如今退居次位，但也僅占不到一％。其實北韓也不是一開始就在經濟上全面依賴中國，曾有過一段時間與韓國之間的交易最多，與日本等其他國家的交易規模也不小，但因為反覆進行的核試爆行為最終導致只剩中國這個貿易對象，日本在二〇〇九年之後、韓國則是因二〇一〇年天安艦事件而執行應對策略——五・二四處置，其後與北韓的經濟交流等同斷絕，從那之後十年來，中國因為競爭對手消失而獨占與北韓的交易，積極在北韓投資並累積產業的秘訣。

其中該特別關注的，應是中國與北韓的交情也不是一直都極好，一九九二年韓國與中國建交時，北韓與中國的關係一度惡化，二〇一三年親中派的張成澤被金正恩委員長處決時，中國也曾大動作抗議過，然而中國與北韓之間的經濟合作卻不受兩國關係的影響，數十年來持續增長。

二〇二〇年因為新冠肺炎導致北韓與中國交流趨緩，但可預期疫情過去之後，北韓與中國之間的經濟合作會再次擴大。數年之間，北韓與中國邊界的國境橋梁與通關口（關稅）如雨後春筍般激增，中國在北韓的產業發展主軸，也從過往的朝鮮族與北韓華僑，逐漸移轉至中國主流的漢族，中國政府對北韓產業政策也成為擴大兩國經濟合作的良好地基。

制裁北韓

國際社會因應北韓不斷舉行核試爆而進行的報復處置，北韓於二〇一六至二〇一七年間三度進行核試爆，促使聯合國安理會採行高強度的制裁手段，北韓對外貿易、勞動人口輸出等主要賺取外匯的途徑幾乎遭到封鎖，進而對經濟產生重大影響。同時各國也有各自制裁北韓的方式，二〇一〇年韓國就因北韓襲擊天安艦而做出五・二四處置，該處置以南北韓交流中斷、禁止（新件）投資北韓、北韓船舶不得運航於韓國海域等為核心，在執行五・二四處置後有分析指出，原屬南北韓貿易就移轉為北韓與中國貿易。

35 因為一帶一路而賺錢的中國

二〇二〇年四月坦尚尼亞總統約翰・馬古富利（John Pombe Magufuli）宣布「不會償還向中國借貸的一百億美元」的爆炸性宣言，換句話說，前政府向中國借貸用以建設巴加莫約

（Bagamoyo）港口的錢，一毛都不會償還。同時坦尚尼亞總統還公開該份與中國的合約，並表示「（前任總統）醉漢才會接受的條款」，其條約內容包含「巴加莫約港口不可限制中國任何活動，鄰近地區也不得建設其他港口」。

對一帶一路不滿的國家愈來愈多

坦尚尼亞總統說不償還的費用是參與中國一帶一路計畫所借貸的款項，中國從二〇一三年起推動一帶一路的國家項目，以擴大友邦範疇，出借鉅額資金給亞洲、非洲、歐洲等國家，協助建設港口、道路、橋梁等基礎建設收買人心。根據德國基爾世界經濟研究所（IfW）研究指出，目前為止，中國透過一帶一路提供的借貸金額已經達到三千八百億美元，比世界銀行（WB）與國際貨幣基金借貸給開發中國家的總額還多。

然而二〇二〇年以來，參與一帶一路的國家開始違背中國，特別是非洲、中南亞國家紛紛要求豁免一帶一路相關負債與延長償還期限，也有建設計畫單方面延宕或直接取消的情況。連一直以來與中國維持友好關係的巴基斯坦，也因為中國高估三百億美元規模的電力工程建設費用，要求於二〇二〇年六月重新協商，同一時間中國在非洲第三大債務國肯亞也指出，過去與中國公家機關締結合約的三十二億美元鐵路事業屬於非法行為，而不支付剩餘款項，當地法院是以中國並沒有參與投標就取得事業權為由做出判決，出問題的鐵路是位於肯亞首都奈洛比與蒙巴薩

（Mombasa）之間長達四百七十公里的高速鐵路，於二〇一七年正式通車，迄今虧損營運中。

一帶一路是一場以援助為藉口的詐欺劇？

一直以來都有一帶一路計畫僅有中國獲利的批評，假定非洲國家藉由參與一帶一路而獲得中國支援進行道路建設，中國從出借國有銀行資金，到中國企業承接建設項目、使用中國的材料與人力，事實上中國在非洲國家的道路建設，就是讓中國銀行、建設公司與人力大賺特賺，參與國家不僅要擔負鉅額工程借貸，還會受中國這一債主的牽制。

中國提供借貸的資金利息高、還款期限又短是其問題。東歐小國蒙特內哥羅在二〇一四年參與一帶一路，向中國借貸七億五千萬美元以建設亞得里亞海與塞爾維亞之間的高速鐵路，然而債務急遽膨脹之下，導致蒙特內哥羅公共負債等同於該國GDP的規模，造成無法償還債務而將該國內重要設施交給中國；而斯里蘭卡則是因為無法償還債務而將港口「租借」給中國政府。

由於這些情況過多，所以參與國之間逐漸認為「一帶一路是掠奪性產業」，特別是二〇二〇年中國與美國關係惡化，且中國也因新冠肺炎危及全球的責任問題與《港版國安法》的實施遭到國際社會譴責，引出一連串對於一帶一路的不滿情緒，當然也有不同意見，認為這是因為中國主要金援的對象是有資金困難的國家才會發生這種問題，而根據德國基爾世界經濟研究所二〇一九年的報告指出，中國借貸給非洲、南美洲的資金中，有五成是無擔保借貸，因此中國也需要承擔可能收不回借出去的錢的高風險。

一帶一路的影響力會縮小嗎？

曾經對一帶一路有興趣的國家，也擱置與中國的交易計畫，俄羅斯破例不參與二〇二〇年六月召開的一帶一路國際合作的視訊會議，埃及也決定延宕接受中國投資且現正進行中的「世界第二大火力發電廠」建造計畫、孟加拉全面廢止接受中國投資建設火力發電廠的計畫，而西歐首先加入一帶一路的義大利，也在二〇二〇年七月的5G產業上，排除中國通訊設備商華為的參加資格。

這種情況已嚴重到中國甚至提出一帶一路參與國債務免除的方式安撫對方，習近平主席於二〇二〇年六月十七日在中國・非洲防災合作特別領袖會議中，承諾「免除今年年底到期的非洲國家的對中無利息借款償還」。對於這一情況，美國外交雜誌《外交政策》就做出以下分析：「不確定中國能否透過一帶一路與參與國家建立金錢關係，但應該無法建立真正的友誼」，認為當中國力量減弱或是該參與國情況惡化時，所謂的友邦就會隨時背棄中國。

一帶一路

所謂一帶一路是由中國主導推動的經濟特區「新絲路構想」，始於二〇一三年習近平主席倡導，迄今已有一百多個國家與國際組織參與。一帶一路是為推動以中國為中心，連接到中亞、歐洲、非洲的大規模經濟特區。中國不僅想與這些國家進行貿易交流，甚至以能源基礎建設、參與國之間金融一體化為目標，積極提供年度鉅額投資，然而，近來因新冠肺炎影響與香港民主化示威而參與「反中國」的國家愈來愈多，導致這一構想備受考驗也是事實。

36 中國軍人和印度軍人不用槍而用拳頭打架的原因

中國與印度軍人在邊界以棍棒與石頭打架，造成二十名印度軍人死亡與數十名中國軍人受傷或死亡，這是自一九七五年以來，相隔四十五年再度發生中國與印度之間因國界糾紛而導致死亡的事件。這一回衝突事件是發生於二〇二〇年六月十五日，位於中國與印度邊界紛爭地區的達旺

（中國稱為嘉樂萬）峽谷，兩國軍人約六百多名以警棍、鐵網棍、石頭為武器對峙到午夜，由於該地區夜晚氣溫低，時而會下降至零下左右，所以導致部分負傷者死亡。

中國與印度由來已久的衝突

兩國軍人會在達旺峽谷產生衝突的原因是這一地區的國界劃分不清，中國與印度之間是喜馬拉雅山脈，一九一四年殖民印度的英國與中國隨機劃定國界為麥克馬洪線（McMahon Line），然而因這條國界對印度較為有利，所以中國方面並不認可這一劃定，結果雙方在一九六二年爆發戰爭，但依舊無法決定國界，所以暫時以「實質統治線」作為劃分，所謂實質統治線不以經緯度劃分，而是以江、湖水、雪線等為基準，所以不明確的部分很多，總之就是容易出現「你越界了」進而演變成衝突的情況。

中國與印度之間裂痕加深還有另一個原因，中國為了一帶一路的策略而與巴基斯坦積極協商，而巴基斯坦是印度不共戴天的世仇，以印度的立場看來，中國在巴基斯坦建設鐵路、道路，並與巴基斯坦親近是不對的，也對中國想藉由巴基斯坦港口進入印度洋的企圖有所警戒。相對的，以中國的立場看來，印度是個凡事都要阻撓中國的國家，印度在過去是西藏的宗教領袖達賴喇嘛流亡的地方，也給予西藏流亡政府在其國內立足的支援，等於是觸碰到中國最敏感的問題，中國當然會不開心，再加上印度拒絕參與中國主導的「區域全面經濟夥伴協定」（RCEP），反而是參與由美國主導，與日本、澳洲等四國的「印度・太平洋戰略」，牽制中國一帶一路的策略，近來又參與抵制華為通信設備聯盟。

不用槍而用拳頭打架的原因

中國與印度是世界數一數二的軍事強國，中國核武為世界第三，印度則是位於第七，如若兩國發生衝突，很容易引起大規模戰爭，所以擁有核武的兩國為了防止戰爭發生，也為了有效減低人命傷亡，而在一九九六年協議前線軍人不得使用槍械與砲彈，兩國在二〇一三年締結的「中印國界防禦協議」中也包含為了防止戰爭爆發，國境區域需避免開槍。

達旺峽谷因曾發生過中國與印度的

圖表｜中國與印度的國界

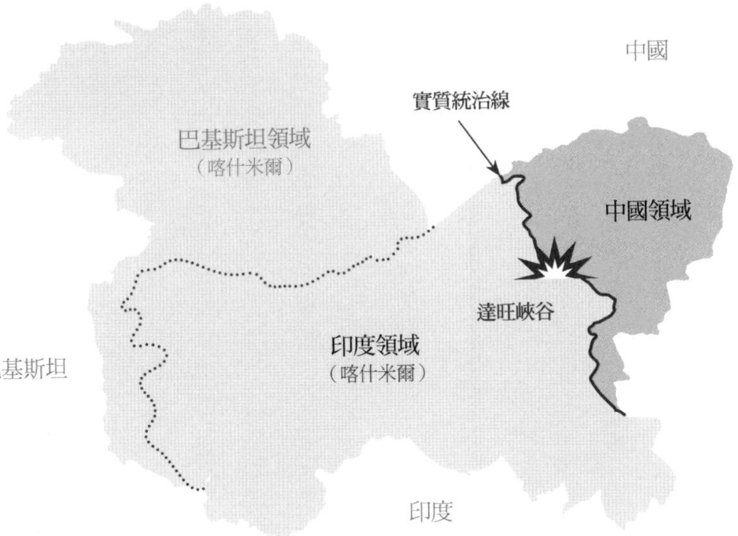

國界衝突，所以透過高位階的會談讓雙方冷靜，然而該地區的心結難解，幾天後中國成立一支以「雪獒」為名的部隊進駐達旺峽谷，該支部隊組成包含現役UFC選手、圖博族出身的蘇慕達爾基等的中國格鬥選手，而送格鬥選手到國境衝突區域的作法為為印度帶來極大威脅，印度為此也派出了「殺手突擊隊」（Ghatak Commandos），「Ghatak」一詞在印度語是「殺手」（killer）之意，殺手突擊隊是由印度最優秀軍人組成的特種部隊，該特種部隊一般由二十人為單位組成，執行小規模突襲等特殊任務，雖然兩國為了防止戰爭爆發簽訂協議，但雙方依然不鬆懈於備戰。

中國與印度將來對峙的可能性愈來愈高，因為兩國位階不斷向上提升，同時也都是強調民族主義的國家，習近平帶領的中國要建立「中華民族主義」、納倫德拉・莫迪（Narendra D. Modi）領導的印度則是強調「印度民族主義」。

印度中國國境衝突

二〇二〇年六月印度軍人與中國軍人在國境達旺峽谷處以拳頭、石頭、棍棒發生打鬥衝突，導致數十名傷亡者。兩國邊界長達三千兩百公里，自一九六二年戰爭後，不時會發生衝突，然而這一回大規模的前線衝突卻是五十八年來首見，這一事件導致印度全境爆發反中示威與抵制中國產品的情況。

37 中國軍人為何在沙灘上種蔬菜？

「南中國海」（南海）一詞雖然常聽，但依然略顯陌生，這個區域是中國、越南等各國都認定為其本國海域進而有紛爭的區域，近來該海域因種植蔬菜而出現爭端。二〇二〇年中國在南海的帕拉塞爾群島（Paracel Islands，中方稱為西沙群島、越南稱為黃沙群島）有蔬菜收成，原本帕拉塞爾群島全為白沙灘，所以無法種植蔬菜，不過中國因開發新技術而成功栽種，此地共可種植七種蔬菜，收穫達七百五十公斤。

中國為何要在南海的小島種植蔬菜呢？這是因為中國想要證明那是人們可以居住的「島嶼」，以此認定環繞該島的海域是自家的領域。中國自從一九七四年開始占領包含帕拉塞爾群島在內的二十多個南海的島嶼，不過國際法庭做出的判決指出「因為該點並非島嶼，所以不得主張所有權」，因為島嶼是指可供人類居住、亦可能發展獨立經濟活動之地。

因為爭奪南海而爭執的國家

南海位於中國與東南亞之間，約為朝鮮半島面積十五倍（三百五十萬平方公里）左右的海洋區域，日本過去管理該海域約二十年，直到二戰敗戰後讓出，之後該片海域就由周圍國家基於

「這是我的領域」而開始出現紛爭，各國都主張是該國領海，但由於交疊嚴重而產生複雜的領土糾紛。此處我們要先理解一件事情，那就是各國皆認同以十二海里（約二十二公里）向內為該國領海，所以其他國家的船隻不得進入捕魚，或是派出軍艦。若是超出十二海里，就不是誰的海域、而是公共海域，稱為「公海」，南海依據此一原則多數面積屬於公海，因此沒有一個國家可以強勢主張其所有權。

然而各國皆有其主張所有權的根據，與南海最近的越南因為地理位置相鄰，且歷史上確實統治過該地區，因而強調歷史產權；菲律賓則是以地理位置相鄰與無主地先占為由；馬來西亞與汶萊主張是基於海洋法協約建立的所有權。

招來美國航空母艦的中國「九段線」

美中衝突日益嚴重，二〇二〇年美國為了牽制中國而數度派遣航空母艦到南海，無視中國在南海主張的所有權，中國主張擁有南海大部分區域的所有權，一九五三年更據此單方面宣布海洋領土的分界線「九段線」，九段線不僅包含菲律賓、越南、馬來西亞的合法領海，還包含八成以上的南海，因此除了東南亞各國外，連想將影響力擴及亞洲的美國也強力反對。

事實上中國單方面宣布的當時，南海周圍幾乎沒有獨立國家，多為英屬、法屬、美屬殖民地，其內部問題相對嚴重，因而沒有餘力抗議。然而中國即使面臨其他國家反對，依舊在九段線

圖表｜南海海域紛爭的國家與地區

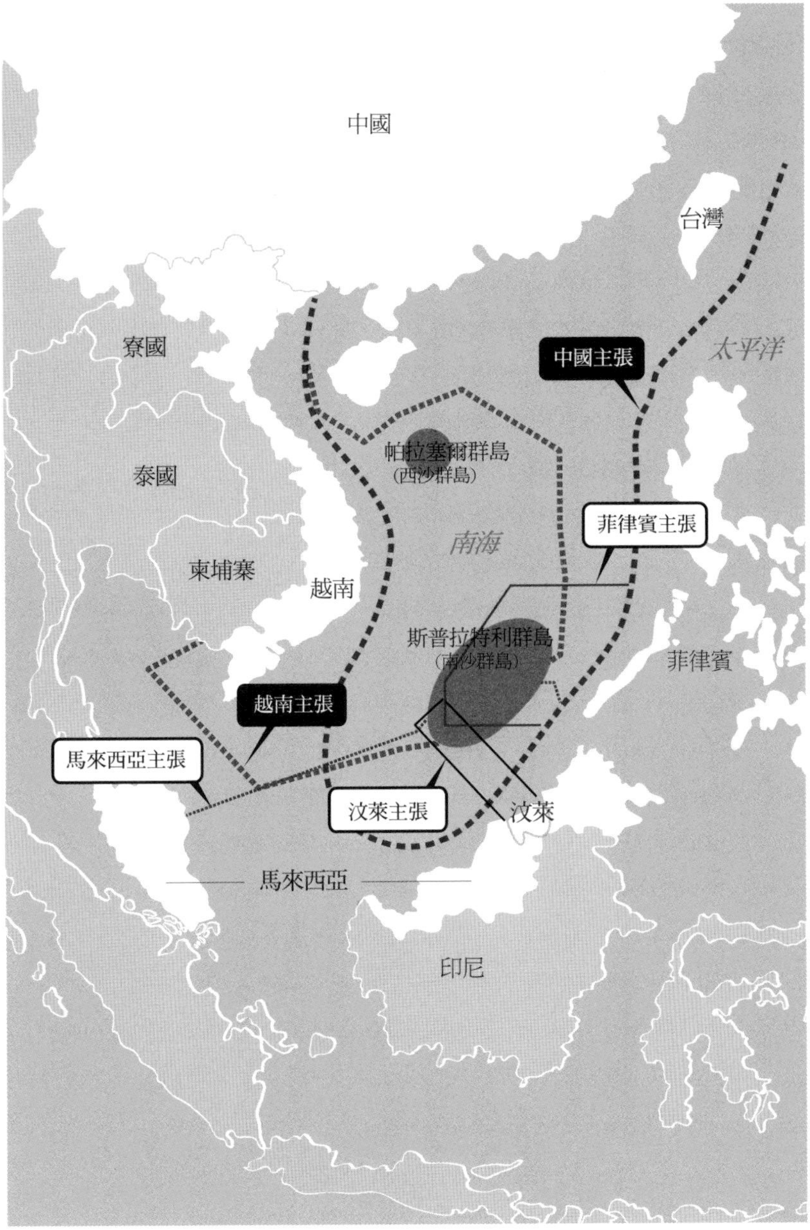

中設置人工島嶼、軍事港口、導彈基地，企圖擴大影響力，所以數次與越南、菲律賓產生衝突。

南海價值無限大

為什麼要爭奪南海呢？原因在於經濟（錢），這一片海域富含可供全球使用超過三年以上、約一千三百億桶的原油，也有大量天然氣。不只如此，南海是全球主要貿易海路，透過海運運送的物品，過半數都會經過這片海域，運送到韓國的原油也多半會航經此地，所以一旦掌控南海，就等於握有相當程度的海權。

日後南海的紛爭，會因為中南亞各國借助美國力量，以及與中國的衝突陷入膠著，美中之間的軍事衝突擴大的可能性也比任一時期還高，因為南海的人工島嶼設置有中國最新的導彈系統，南海鄰近的印度、太平洋區域則是有美國駐紮，隨時都可能演變為爭端。

南海

位於中國與東南亞國家之間，約為朝鮮半島面積十五倍（三百五十萬平方公里）左右的海洋區域，因屬主要海路、海底資源豐富導致所有權紛爭不斷。中國單方面劃定海上疆界，並主張八成五以上的南海所有權，越南、菲律賓、台灣、馬來西亞、汶萊皆與中國長期在這一片海域有爭端，而美國也從二〇一〇年開始參與這一海域的紛爭。

第4章

社會

——我們不知道的中國真實面貌

38 不任用○○出身

試想，若韓國有一間公司拒絕釜山出身應聘者的話，會發生什麼事？應該會引起極大的社會問題，但這種荒唐的情況卻發生在現時的中國。

居住於中國河南省的二十四歲法律系學生小妍在二〇一九年七月投遞履歷到一間度假村公司，最後卻收到一封荒謬的不合格通知，通知書上大剌剌地寫上不合格的原因是「河南人」，小妍以「地區歧視」為由提出訴訟，當年十一月中國法院以「侵害就業機會平等原則」，判決公司方必須賠償人民幣一萬元的撫慰金並須公開道歉。

中國也有地區情感？

在韓國會有地區情感，在中國又怎麼可能沒有。其中，特別受到歧視的地區是河南省，中國人稱呼河南省為「詐欺之省」，毫不隱藏對該省份的人的厭惡。二〇一五年美國紐約的時代廣場曾經刊登一部六十秒的中國河南省宣傳廣告，這是河南省企業家為了改善河南省的形象，而自費十萬美元刊登的廣告，但中國其他地區出身的中國人卻說「詐欺之省幹嘛要廣告？」，完全顯現出對這個廣告的反感與不悅。

二〇一八年也發生過對河南省出身者的就業歧視事件，中國有名的影片網站愛奇藝人事部門明擺寫著「盡可能篩掉出身河南省的人」，愛奇藝雖然隨即免職該部門負責人並公開道歉，卻也讓我們看到事實上的確存有不任用河南省出身者的現象，被稱為中國矽谷的中關村企業也一度制定「河南人不能應試」的規範，最後撤回。

圖表｜中國主要都市與河南省

黃河文明發源地出現污名的原因

原本河南省是中國適合居住的好地方，河南是世界四大文明之一的黃河文明發源地，而這樣的河南被污名化的原因有二，第一是「假貨工廠」的烙印，一九七八年開始，中國政府針對沿海一帶地區執行「沿岸地區開發政策」，導致中國最具代表性的內陸地區河南省瞬間變成貧窮地帶，過往依賴農耕的河南省人從一九八〇年開始，為了賺錢而蓋起各個假貨製造工廠，大量生產假棉花、假酒、假蜂蜜與假絲綢，將動物用醫藥品當成一般藥品銷售到全國，欺騙整個國家進而怨聲載道。第二是逃出河南省的貧民流竄全國進行詐欺竊盜的情況時有所聞，二〇〇〇年代初期甚至流傳著「每當火車行經河南省時，不是發出『扣摟扣摟』的聲音，而是『坑子坑子』（詐欺犯）的聲音」的說法。

然而，也有說法認為對河南省的地區情感不過是偏見，出身河南省的農民工本來就多，就算其中僅有少數人出錯，也會很明顯，再者也有人認為社會地位較低、如同異邦人的他們，一開始本就被城市人看輕。

近來湖北省因背負著新冠肺炎病毒發源地之稱，針對湖北省人的歧視行為也十分明顯，雖然政府與媒體不斷警告這一種行為，但在中國一經撒下的偏見種子，多數就算經歷數十年的歲月都難以拔除。

戶口（戶籍）

中國的居住地登記制度與韓國的居民登記制度相似，但中國幾乎不可能變更居住地，在中國若沒有該地區的戶口就無法上學、無法去醫院。為了遏止都市人口爆炸，所以不論農村人們在都市住了多久，都不會有戶口，因而導致為了改變生活環境而到城市工作的人只能將孩子留在鄉下，目前中國農村約有六千萬名小孩無法在父母的養育下成長。

39 小二十歲的弟弟，在中國很常見

「我今年二十七歲，為了幫弟弟換尿布，連週末都不能睡懶覺……」

這是居住在中國廣東省李某的故事，李某為了照顧二〇一九年出生的弟弟而經常與父母發生爭執，居住在中國北京的張某感嘆著「媽媽現在懷孕中，快生弟弟了」、「當我到了媽媽這個年紀的時候，我弟應該是大學生」，中國為何會出現這一種兄弟年紀落差極大的現象呢？

中國為何施行生產限制？

事實上，中國到不久之前，生育第二胎還是違法行為，如果不小心懷第二胎且選擇生下來的話，必須繳納鉅額罰金，直到二〇一五年十月，才因考量高齡化等社會問題而允許第二胎，其結果導致長久以來想要第二胎的家庭出現熟年生子的狀況，甚至於一部分富裕階層以約人民幣七十五萬元的費用雇用代理孕母幫忙生下第二胎[25]。

以二〇二〇年為基準，中國人口已經到達十四億人，占全球人口（約七十八億）的一八％，然而中國人口並非一開始就這麼多，二次世界大戰結束時的一九四五年，中國人口約五億四千萬，不過戰爭過後掌權的毛澤東說「人多好辦事」進而鼓勵多產，結果在終戰三十年後的一九七四年，中國人口突破九億，當時貧窮的中國面對突如其來的人口暴增，導致嚴重的食糧危機與社會混亂，迫使中國政府在一九七八年做出人類史上首度出現的極端生產限制政策，就是我們熟悉的「一胎化政策」（計畫生育政策）。

中國的生產限制政策相當高壓，一九八二年之後生過孩子的所有女性，全數被迫在子宮內裝設避孕裝置——宮內節育器（IUD, intrauterine device），生下第二胎的夫妻，必須付出鉅額罰金，那可能是農民必須存上十年的金額，付不出罰金就只能接受墮胎手術，而為了迴避罰金與墮胎手術而逃到山裡的人也不在少數，也造就在山裡出生的孩子被稱為「黑孩子」，同時也孕育著其他社會問題。

生產限制時代出生的孩子，擁有連同父母與祖父母、外祖父母共六位長輩的疼愛，因此產生「小皇帝世代」這一新造語，父母為了不讓他們承襲貧窮與無知，細心培育這家中唯一的孩子，如同「小皇帝」般的照顧，讓這群好似是家中「最高權力者」的小皇帝有著豐盛的資源，導致他們延誤就業時程、奢侈成風的習慣。這些所謂小皇帝約有四億人，當然也有一說認為這是上一個世代對於這一個世代的偏見。

解除生產限制也無法解決的問題

就算是中國，這項非人道政策確實引起許多不滿與反駁，因此生產限制政策逐漸出現變化，我們可以透過下表得知：

圖表｜生產限制政策的變遷史

1978年	一胎化政策正式施行
1984年	十九個農村省份若頭胎是女兒，許可生第二胎
2002年	父母皆為獨生子女時，許可生第二胎
2013年	父母其中一方為獨生子女時，許可生第二胎
2015年	二胎全面許可

㉕ 二〇一九年七月，筆者曾經接觸中國最大代理孕母仲介公司「AA69代孕網」並詢問相關情況，據表示只要支付人民幣七十五萬，兩年內就可以獲得孩子，追加費用中還包含能夠選擇孩子的性別。

問題在於解除生產限制對出生率的上升沒有多大幫助，中國年輕世代如同韓國一樣不願意生小孩，所以有評論指出就算二胎全面許可也沒有任何效果，因為近來居住於大都市的年輕世代認為，生育子女要負擔龐大的教育費用，所以就算二胎全面許可迄今已過了四年，中國的出生率依然沒有回升的跡象，二〇一七年與二〇一八年中國新生兒數持續減少中，另一方面六十歲以上的高齡人口比率從一九九〇年的一〇％上升到二〇一八年的一七・二％，照這一趨勢看來，二〇三〇年左右中國的高齡人口就會達到中國全體人口的二五％[26]，這也意味著被稱為「世界工廠」的中國，其勞動人口數會隨之縮減，足以撼動中國經濟成長的基礎。

中國的生產限制（計畫生育）政策

限制一戶僅能生育一個小孩的政策，一九七八年起為了解決中國急遽增加的人口問題而施行，直至二〇一五年底解除限制許可第二胎。然而如今年輕世代不願意生育也成為社會問題，中國流行一句話「愈生愈窮」，整個社會陷入恐懼，害怕如同「小皇帝」被養大的孩子，會變成依賴父母的「啃老族」。

40 鄉下小夥子為了買iPhone而賣腎？

二〇一二年居住於安徽省的十七歲張君，在網站上看到器官買賣的仲介廣告，進而進行了右腎摘除手術，張君說「因為沒錢買iPad，又在網路上看到賣腎可以獲得人民幣兩萬元的仲介廣告」。

中國生活過得好的人很多，但過得不好的人也不少，中國總理李克強在二〇二〇年五月二十八日的記者會中指出：「中國有六億人口月均收入依然只有人民幣一千元左右」、「人民幣一千元在一個普通的城市，連月租房都租不起」，依據李克強的說法，中國依然有四成以上的人口過著苦日子。根據北京師範大學的調查指出，在中國月平均收入在人民幣兩千元以下的人口約有九億六千四百萬，這占中國整體人口的七〇％，這也是因想買iPhone、iPad而出賣身體器官的事情頻繁出現的原因。

㉖二〇一九年七月，整理自韓國貿易協會北京分會《中國銀髮產業動向與提示》報告書與中國國家統計局數據。

恐怖的賺錢方法

二〇二〇年五月，中國新聞公開了一位二十三歲的青年李瑞（化名）因為錢而賣腎的事，從農村到都市工作的他一個月僅能賺到人民幣四千兩百元，根本無法養家活口，所以貧窮的他在社群網路詢問：「有沒有更快的賺錢方法？」那時有人說「試試賣腎」，甚至於明確告知可以獲得人民幣十萬到二十萬元的費用；兩天後李瑞看到有人在社群網路留下「賣腎可以獲得人民幣四萬五千元，若購買者心情好的話，還可以拿到額外的獎勵」，雖然比想像中少，但李瑞允諾了這一提案。

隔天李路來到火車站附近的一家醫院，進行血液與尿液檢查、腹部超音波等等檢查，走私集團用黑色眼罩蒙住李瑞的眼睛，用車輛將他載到附近山區的工廠，那是一個雜草叢生、人煙稀少的地方，一走進去看到穿著手術服待命中的醫療團隊，當李瑞再度睜開雙眼，看到旁邊放著裝滿多束現金的紅色塑膠袋，裡面裝著約人民幣五萬兩千元。他再度回到紙箱工廠工作，但卻因手術後遺症的關係在工作時昏倒，最終他再也無法像從前那樣工作。

中國買賣器官真的很常見嗎？

中國確實存有器官買賣的事情，海外患者經常為了移植器官而到中國，其交易非常活絡，中國器官買賣組織甚至分有招募「賣器官者」的召集人、接線人、手術醫生、麻醉醫生、護理師、運送組等等具體細部分工措施。然而器官買賣並非如韓國傳言的是「常見之事」，因為在中國所謂器官買賣也是會上新聞，顯見該行為依然是一件相當衝擊的事情。

不過中國一直以來都有摘除死刑犯器官的慣行，這是中國政府正式承認的事情。二〇一二年中國衛生部表示「要根絕摘除、移植死刑犯的行為」，根據國際人權團體的調查，從二〇〇〇年到二〇〇五年為止，中國有四萬一千五百件捐贈者不明的器官移植案例。

不斷有證詞指控信仰被禁止的宗教信徒與政治犯的器官被摘除，英國媒體《衛報》在二〇一九年六月報導「在中國，遭逮捕的法輪功（中國政府認定違反社會秩序的宗教團體）信徒與維吾爾族出身的收容人，會不斷接受包含血液檢查的所有健康檢查」、「他們之中有人會突然之間消失，其極大機率是被摘除器官的犧牲者」。當這一報導出來後，英國出現必須禁止本國人前往中國接受器官移植手術的呼籲，而以色列、義大利、西班牙與台灣等早已禁止本國人到中國進行器官移植手術。

41 好奇紅色滋味的零零後

阿里巴巴創辦人馬雲於二〇二〇年五月在中國影片網站bilibili上傳一篇四分鐘左右的演講影片，爾後又快速刪除。該影片中的馬雲說「所謂生意是最龐大的公益事業，創造價值的珍貴工作」，這部影片在兩天內獲得一萬六千多個留言，其中大部分是「壓榨的資本家的嘴臉」、「地主盡心竭力使喚奴隸的心態」一類的辱罵與批評內容，就連馬雲在二〇二〇年三月捐贈一百萬個口罩給美國時，也有留言批評他為「美國奴」。

馬雲也難以討好的零零後

為此，中國媒體異口同聲的以「在中國最受尊敬的企業家馬雲也難以討好零零後」為新聞標題進行報導，所謂零零後是二〇〇〇到二〇〇九年出生的新世代，而bilibili則是零零後世代最具代表的網路秘密基地，擁有一億五千萬名會員，其中上傳影片內容與留言的使用者多為零零後。

這些為數約一億六千四百萬名的零零後，會令人聯想起文化大革命時期的紅衛兵，因為他們像極了那些不僅盲目地忠於國家與政權、更具有強烈戰鬥力的紅衛兵。當中國進入世界強國之列，他們對祖國擁有強大自負心，盲目的推崇中國共產黨主張的社會主義思想，生活在逐漸於中國社會站穩一片天的資本主義體制之下，卻認為自己無法擁有資本，屬於無產階級，所以對有產階級（企業家）表現出憤怒，連中國媒體都提及「零零後僅以教科書的內容是無法適應實際生活的一切」。

零零後也具有強烈的愛國主義，對於美國為首的中國的競爭對手具有強烈反感，將反對中國的對象視為敵人。最具代表性的愛國行為就是「二〇一九年美國NBA的拒看事件」，二〇一九年十月，美國休士頓火箭隊總經理公開聲援「支持香港反送中」引起零零後集體抵制、拒看NBA的運動，讓中國國營電視台央視決定終止轉播NBA。

與八零後、九零後有何不同？

我們將零零後的這一傾向與較開放的「八零後」（一九八〇年代出生）與展現個人主義的「九零後」（一九九〇年代出生）相比，八零後身為一九七八年中國改革開放的目擊者，看見原本與世界斷絕的中國因吸收外國資本急遽成長，對此抱著開放態度；九零後成長於收成果實的二〇〇〇年代，活躍的經濟成長、網際網路與海外旅行之下，擁有強烈的個人主義。

相反的零零後不僅成長於中國為世界中心，更是在習近平主席主導的激烈愛國主義教育下長大，二〇一三年習近平掌權之後，中國政府教導中國成功的神話，並強化零零後的愛國主義教育，雖然清末受外國勢力侵略欺凌，但如今成為誰都無法撼動的強國，習主席帶領的中國政府以不同於以往的口號，徹底的影響這群零零後的愛國主義，過去「韜光養晦」、「大國崛起」的政治口號，如今成為「萬邦來朝」。

如今中國的趨勢是「習近平kid」

擁有「習近平kid」、「愛國社會主義者」稱號的零零後，如今在中國是一批誰也不能輕忽的勢力，二〇一九年四月馬雲說「有福報才能九九六」，馬上就被圍剿，所謂九九六是每日上午九點工作到晚上九點、一週工作六天的高強度工作文化，而馬雲該發言影片隨即被大量的留言批評為「勞工是奴隸嗎？」。中國重量級教育集團——新東方的執行長俞敏洪就因為在二〇一八年八月說零零後「幾乎沒有社會道德與遵守法律的觀念」而必須公開道歉。

若企業想要掌握零零後，就必須進行愛國行銷，中國稱為「國潮行銷」，所謂國潮行銷是帶有中國傳統文化意義的「國」字，結合具有潮流含義的「潮」字，也就是跟隨中國傳統文化的潮流，中國體育品牌李寧就以復古風漢字與紅色為行銷策略，讓二〇一九年的銷售比前一年度增加了三二%，中國本土企業長城汽車到二〇二〇年上半年度為止，蟬聯中國連續八十個月以上的SUV銷售第一名。那麼中國內部對於零零後的評價是什麼呢？中國週刊《新週刊》提及「零零後在物質生活上並不缺乏，而他們追求的是什麼將會由父母與社會為他們做下決定」，香港《南華早報》則是說「零零後看來是中國最獨善其身的一個世代」。

八零後

一九八〇至一九八九年出生，目擊一九七八年開始的中國改革開放的世代，親眼見證過往跟世界斷絕的中國，因為吸收外國資本而開始快速走向成長的過程。

九零後

一九九〇至一九九九年出生，在二〇〇〇年享受著改革開放的果實、繁榮的經濟，是自小生活相對富裕，熟悉海外旅行與網際網路的數位世代。

零零後

二〇〇〇年之後出生，二〇〇八年北京奧運貫穿幼年時期記憶的世代，對於躋身世界強國的祖國有著極大自負，對中國體制的忠誠度極高。

42

中國最在乎的數字是？

中國最在乎的數字就是經濟成長率，對國家而言，經濟成長率就有如學生的成績單一樣，因為這一數字就是「一年來國家又更富裕了多少」。中國過去數十年來是經濟成長率極高的優等生，然而近來該項成績急遽下探，面臨「崩潰」的局面。二〇一九年寫下二十九年來最低的六・一%的經濟成長率，而最大的問題就是二〇二〇年的經濟成長率，因為新冠肺炎病毒與美中角力的因素，預期僅剩一%，而經濟成長率下探會造成工作機會減少，社會不滿加劇。

中國的經濟成長率為何一直往下走？

一九七八年起中國致力於經濟發展，長久以來中國都維持高經濟成長率，一九七八年的中國對世界打開門戶、吸引外資，是改革開放之年，一九八四年達成歷來最高的一五・二%的經濟成長率。然而有上升就會有下探，二〇一〇年以來中國的經濟成長率每年下探一個數字，二〇一五年來到六・九%，使得中國進入「保六」（六%的經濟成長率）的時代。

中國經濟成長率下探的原因是什麼呢？過去的中國就像是一個無法吃飽、面容深陷、瘦巴巴的孩子，當口袋漸豐、可以隨心所欲地吃著喜歡的食物之後，體重迅速增加，初期的幾年間每年以一〇%的速度從四十公斤長胖到如今超過五十公斤，然而超過五十公斤之後，就算如同過往一般的習慣，長胖的速度就會停滯，何況當體重到達正常水準時，就不能讓肉横著長，同樣的，當中國的經濟規模到達一定程度後，經濟成長速度就會放緩。

中國執著於這項數字的原因

中國重視經濟成長率的原因

在於維持一定經濟成長率才能維

圖表｜中國經濟成長趨勢

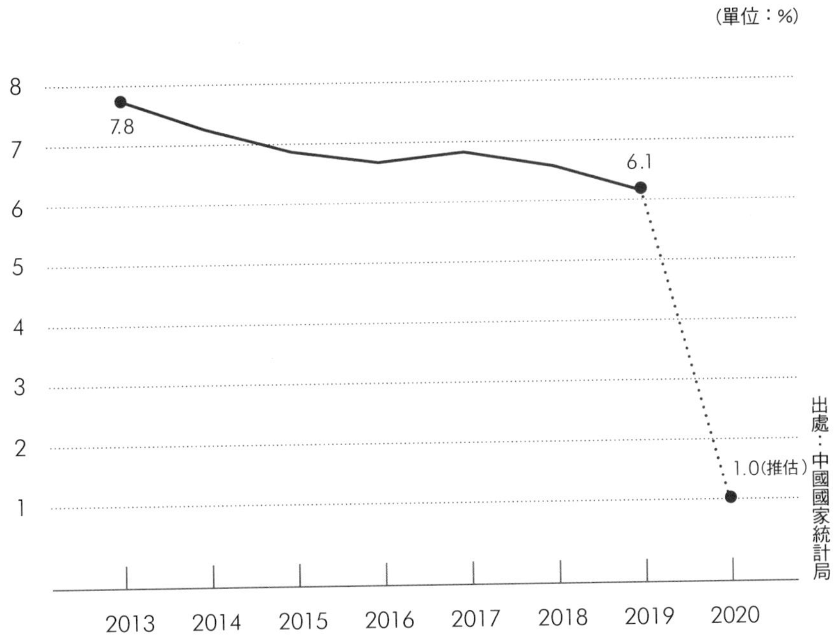

持社會安定，經濟成長率愈高，國民的生活品質就會隨之提高，不滿就會減少，回顧中國歷史即可知道，每當國家經濟變差，人民就會舉兵起義，所以二〇二〇年中國的經濟成長率比過往任一年還重要，前國家主席江澤民過去就曾誓言「二〇二〇年為止，中國GDP會是二〇一〇年的兩倍」，若想守住這一誓言，二〇二〇年的經濟成長率最少要超過六・二％，若能達成江澤民的誓言，中國從二〇二一年開始就正式進入「小康社會」，所謂小康社會是全國國民都能過著豐足安定的日子，然而目前看來二〇二一年的中國迎來小康社會的可能性很低，因為突如其來的新冠肺炎病毒與美中貿易戰爭，使得中國的經濟成長速度趨緩。

經濟成長率與中國的工作機會有著極深的關聯性，簡單的說經濟成長率上升，工作機會就會增加，當經濟成長率下降，工作機會就會縮減。根據慶熙大學中國MBA的權柄瑞教授說法，中國新增的工作機會是以經濟成長率乘以兩百萬個單位的方式估算，舉例來說，當經濟成長率為六％時，當年度中國新增的工作機會就是六×二〇〇萬個，也就是預估會有一千兩百萬個工作機會。相反的，中國每降低一個百分比的經濟成長率，就會損失掉兩百萬個工作機會，因此，這左右數百萬個工作機會增減的經濟成長率，肯定挑動歷任中國領導人最敏感的神經。

保六

維持六％的經濟成長率是中國經濟成長的目標，所謂「保」是保障、「六」則是數字六。一九七八年改革開放政策（投入市場經濟）以來，中國經濟長期處於兩位數的快速生長期，二〇一〇年（一〇．六％）之後成長率逐年下降一個百分點，二〇一五年起維持在六％的六．九％，之後中國努力維持其經濟成長率在六％的水準。

小康社會

中國所有國民在食衣住方面都豐盛無憂，過上安穩日子的社會。二〇〇二年前國家主席江澤民宣示「二〇二〇年為止要全面達成小康社會」，爾後這就是中國最重要的國家發展目標之一，為了創造小康社會，二〇二〇年的GDP必須是二〇一〇年的兩倍，然而二〇二〇年中國經濟情況不佳，達成小康社會的目標，預估會再拖延幾年。

43 武漢英雄是否注定成為國民叛徒？

是誰最早發現新冠肺炎（COVID-19）病毒呢？是以最初發源地區聞名的中國武漢市眼科醫師李文亮。李醫師於二〇一九年十二月三十日，在集結一百五十名醫學院同學的微信群組聊天室內，對新冠肺炎病毒示警。隨後中國公安以其散播謠言的名目將他逮捕。後來他簽署了訓誡書，收到警告和訓誡要噤聲牢牢管住嘴巴後，就返回醫院繼續看診。當時中國怕造成社會動盪不安，因而不願公開新冠肺炎爆發的事實。

中國新冠肺炎英雄的下場？

李文亮故事的結局是無庸置疑的悲劇。李醫師在照料病患後感染了新冠肺炎，並於二〇二〇年二月七日與世長辭。武漢市民在他辭世隔天，打開公寓的窗戶吹哨子悼念，高喊著「安息吧」。李文亮離世時，他的妻子還有孕在身，肚子裡還懷有第二個兒子。由於不忍心將爸爸的死訊告訴當時年僅五歲還在上幼稚園的大兒子，便對他說「爸爸去國外旅行了，不能回家」。她在二〇二〇年六月產下老二，在網路上的留言令人印象深刻。「老公你在天堂看到了嗎？你送給我的最後禮物今天出生了。」

中國政府對李文亮的死訊相當震驚。隨著逮捕他，將他當作叛徒處置的消息被公諸於世後，群眾激憤不已。批評聲浪指出，倘若當初不是選擇懲處李文亮的率先披露，反而積極採取因應措施，那麼新冠肺炎的傷害勢必會比現在來得小。消息曝光後，政府這才出面「打造李文亮烈士」。由中國政府直接控管的媒體，在一夕之間將李文亮推崇為英雄，且發布了一系列他的生平相關報導。然而隨著時間流逝，也就逐漸被淡忘了。在中國社會只要提到李文亮，人們依舊是忿忿不平。

被當作叛徒的中國英雄

中國SARS流行之際，最初的吹哨者也被視為叛徒。揭發二〇〇三年中國隱匿的SARS肆虐疫情的告發者，和李文亮一樣是一位醫師。蔣彥永曾經是軍醫院醫師，他自己確診的SARS病人就高達六十位，但他看到政府公開宣稱「確診者只有十二例」，於是向海外媒體揭露事實。《紐約時報》引用他的話，向全世界公布中國的SARS真相。迫使中國公開SARS病人人數，迅速收拾殘局。然而揭發事實的英雄蔣彥永卻被限制接受媒體採訪，並以各種藉口將他軟禁在家。他在某次採訪中表示：「我看中國政治，了解到說謊最簡單。但是我決定不說謊。」

在新冠肺炎事件中寫日記發表的知名作家也成為叛徒。最早爆發新冠肺炎的武漢市被封鎖了兩個月，其中發生了可怕的悲劇。居住在這個地區的小說家方方從封鎖兩天後，也就是從一月二十五日起，連續兩個月在自己的部落格連載日記。她的文字詳細描述人們失去家人的傷痛，和被監禁的痛苦，總計有數百萬人閱讀過，美國的知名出版社在二〇二〇年五月出版了《武漢日記》（*Wuhan Diary*）。

「病患們無法入院，生病的人開始倒下。」

「昨天有人撞牆，晚上有一名男子從橋上跳下去。」

「鄰居的表妹死了。熟人的弟弟死了。朋友爹媽和老婆都死了，然後他自己也死了。人們哭都哭不過來。」

「『人不傳人，可控可防』這八個字，變成了一城血淚，無限辛酸。」

——摘自《武漢日記》

然而方方在中國受到激烈批判。原因是她在美國揭發了中國恥辱的實況。中國的主要媒體人和教授也公開譴責方方。結果最後《武漢日記》在中國變成禁書。

SARS

「嚴重急性呼吸道症候群」正式的名稱SARS，是二〇〇二年冬天在中國南部廣東省爆發的新種傳染病。感染SARS會發燒，伴隨呼吸困難。若惡化為嚴重肺炎，則會導致死亡。擴散速度相當快，不到幾個月就蔓延到香港、新加坡、加拿大等世界各地。七個月內在三十二個國家有八千多人確診，死亡人數七百七十四名。

44 韓國一半的懸浮微粒來自中國

二〇一四年在北京舉行了亞太經濟合作會議（APEC）高峰會議時，發生了「奇妙的事」。被懸浮微粒覆蓋的北京灰濛天空，彷彿塗上藍色顏料，一夕之間變得好蔚藍。這一天的懸浮微粒指數為「佳」，原因是中國政府為了成功舉辦APEC高峰會議，全面控管北京附近工廠停工。難得見到澄淨藍天的北京市民聚集到郊外，對著清澈湛藍的天空連續按下相機快門。「APEC藍」成為該年度最有名的新名詞。此後每當舉辦大規模活動時，中國都能展現出卓越的空氣管理能力。之後也持續誕生了「兩會（每年舉行的最大政治活動）藍」、「閱兵藍」等新名詞。

中國，空氣品質作假？

中國的霧霾嚴重是由於煤炭使用量大。世界煤炭約有一半用量是在中國消耗。再加上全國有許多沒徹底做好污染物處理的小型煤炭火力發電廠坐落各地，家庭內也使用大量煤炭。中國能源消耗量持續增加，也是個問題。隨著所得水準逐年提升，能源消耗量也以倍數激增，目前中國的暖氣使用和汽車行駛量暴增，導致空氣品質日趨惡化。

中國地方都市大都選擇隱瞞真相，而非解決霧霾問題。公務員們動員許多方法，讓空氣品質表面上看起來已獲得改善。在建築物上發射水砲，在調查期間內強制工廠停工……這些都是二〇一九年中國生態環境部報告上的公務員們的空氣品質造假案例。中國寧夏自治區石嘴山市公務員，二〇一七年一月朝著環境保護局大樓發射「水砲」。這是為了降低安裝在建築物上的大氣偵測所的污染偵測數值。灑水後灰塵會暫時往下沈，降低污染度。二〇一九年五月十一日安徽省亳州市公務員收到環境污染調查時間表事前通知，於是在這段期間下令地區內的工廠停工。究竟為何對空氣污染度會如此反應過度呢？這是因為中國從二〇一七年起將「改善環境污染」列為地方績效評估的主要項目。

韓國的霧霾問題真的要怪罪中國嗎？

只要到了冬天，韓國空氣中就會飄來來自中國的懸浮微粒。這些沙塵隨著西北季風吹拂進入。韓國國立環境研究院認為，包含京津冀（北京、天津、河北省）等地區的中國華北地區發生的懸浮微粒進入韓國首都圈。這些地區是中國霧霾出了名嚴重的地區，霧霾的主因煤炭的使用量也相當多。和京津冀相連的山西省、山東省、河南省等六個地區的煤炭使用量，約占中國全體使用量的三三％。

儘管有各種研究結果和資料佐證，然而中國政府擔心需擔負賠償責任，始終不願承認韓國冬季的霧霾是自己的錯。中國生態環境部發言人在二〇一八年的簡報中指出，「首爾的霧霾是自己造成的」，在韓國引發群情激憤。中國也沒自信能急速縮減煤炭使用量。愈落後的地區愈仰賴煤炭，若是禁止使用，短期間內也找不到適合的解決方案。河北省的一個農村實施了用瓦斯替代家庭用煤炭鍋爐的事業，然而由於延誤了更換時間，發生了在寒冷的冬季凍死人的不幸悲劇。

連美國大使館也指責的中國懸浮微粒

二〇一二年懸浮微粒的疑慮在中國

圖表｜霧霾嚴重的中國地區

被正式提出。事情的開端始於駐中美國大使館發表的「空氣污染指數」。大使館網頁上即時公開的指數，也包含了細懸浮微粒數值。美國大使館的空氣污染指數對於中國人民造成相當大的衝擊。雖然人民早就知道空氣不佳，但萬萬沒想到懸浮微粒數值居然會惡化到這種地步。當時中國政府刻意不將細懸浮微粒包含在測量項目內。在輿論猛烈抨擊下，中國政府才在該年度十二月提出懸浮微粒綜合對策，並將細懸浮微粒也涵蓋在政府的正式測量項目內。

中國的空氣污染果真能改善嗎？雖然有好轉的趨勢，不過仍有段長路要走。在中國全體能源使用量中，煤炭占的比例依然高達六〇％。也有分析指出，若想從根本解決中國北方地區的懸浮微粒問題，還需耗時十至十五年。

APEC藍

二〇一四年在北京舉行的亞太經濟合作會議（APEC）高峰會議時，中國政府下令鄰近工廠停工，人工打造出的「蔚藍天空」。懸浮微粒嚴重的中國，許多地區終年都籠罩在陰濛灰色的天空下。尤其是北京和上海包含的中國北部、東部地區的霧霾嚴重。中國為了不讓家醜外揚，每當舉辦大型活動時，就會採取措施暫時減少懸浮微粒。

京津冀政策

京津冀是北京、天津、河北省的縮寫。京津冀政策是指綜合性的開發中國北方大都市北京、天津和河北省，培育成中國北方成長基地的策略。內容也包含為了保護這些地區的環境，將鄰近都心的工廠遷移到外廓的其他地區。

45 在教會唱過國歌的人？

中國教會怎麼做禮拜呢？近來中國用唱中國國歌代替讚美詩歌。牧師在講台前稱頌習近平主席後才開始傳教。牆上甚至還懸掛了主席的肖像取代十字架。讓人感到不可思議，這裡居然可以稱為教會。這不是胡謅的故事，而是二〇二〇年七月八日美國《福斯新聞》（*Fox News*）等媒體報導的內容。

中國也有教會嗎？

中國也有許多教會和教堂。中國社會科學院推測中國約有六千至九千萬名基督教徒，倘若加上中國禁止的地下教會信徒，人數則更多。但若想在中國自由信教則是難上加難。根據《福斯新聞》報導，二〇二〇年六月十四日在中國河南省開封市的一間教堂內，神父和二十多名信徒在彌撒中高舉國旗唱國歌。該教堂的神父說「我們在傳染病後今日莊嚴的高舉國旗」，接著說「這是在主席的指導下，大家齊心協力的成果」。河南省和浙江省的基督教協議會等也下令「讓信徒在教會內見證令人感動的中國新冠肺炎聖戰故事」。福建省泉州市最大的教會泉南堂的牧師表示，收到具體指示要批評美國因應新冠肺炎。河南省教堂一名信徒說，「為了讚揚天父，以讚美戰勝新冠肺炎的主席，取代唱聖歌」。

中國實際上是限制宗教自由的國家。中國憲法三十六條雖然記載了保障信仰自由，但事實上並非如此。此條款上附加了「國家保護『正常的宗教活動』」；「宗教事務不受『外國勢力』支配」的但書。由政府直接判斷什麼是「正常的宗教活動」，將外國的批判和監視視為「外國勢力的支配」且加以忽視。因此中國的教堂或教會二元化為躲避政府干涉，偷偷進行宗教活動的「地下教會」，以及受到政府控管的「官方教會」，未登記的教會即「地下教會」。

中國政府將宗教視為威脅共產黨統治的要素，擔心若是不對其監視，放任其恣意進行宗教活動，他們的人數會增加，發展為政治勢力。中國史上宗教威脅到原有體制的案例少之又少。最具代表性的是一八五一至一八六四年清朝發生的太平天國運動。該運動是由洪秀全這號人物發起，他受到基督教影響，自稱為「神之子」，煽動貧窮的農民起義。太平天國軍全盛巔峰時期，人數高達一百八十萬名男子、三十萬名女子，占領中國主要地區威脅政權。這是中國對宗教留下陰影的事件。

方濟各教宗背叛中國信徒？

中國政府在二〇一二年提出了「基督教的中國化」概念。從此對基督教和天主教有更進一步的干涉，強制拆除河南省和浙江省等地的教會和教堂十字架，用習主席的肖像取而代之，部分地區的地下教會被封鎖。基督教的中國化，代表要聽政府的話，而不是神的話。中國總理李克強在二〇一九年三月全國人民代表大會上強調「應牽制宗教的中國化」。

中國想方設法壓迫基督教，自然和教廷的關係不睦。尤其是主教任命問題，占了衝突的極大部分。教廷固守「主教任命是教宗的固有權限」的立場，中國則是堅持「由政府直接選主教」。一九五一年梵蒂岡承認中華民國政府是合法政府，中國宣布與其斷交。此後中國政府一而再再而三的打壓天主教徒。一九五七年拒絕梵蒂岡任命的聖職人員，中國政府僅承認許可的教堂和直接任命的聖職人員。甚至管束監禁在無許可教堂內從事宗教活動的人士。然而二〇一三年即位的方濟各教宗有別於之前的教宗。他對中國釋出善意，初次和中國協商主教任命權問題。二〇一八年九月，中國外交部和教廷在北京簽訂了非公開協議案。協議案的內容是中國政府任命的中國主教獲得教廷正式承認。教廷內外都出現了「教宗拋棄信徒」的言論。中國的信徒為了堅守信仰承受莫大的痛苦，然而教宗卻向中國共產黨的要求屈服。不過教廷卻表示，「可以當個優良的中國國民，同時也是優良的天主教徒。」

基督教的中國化

在限制宗教自由的中國內，為了管理基督教、天主教徒，於二〇一二年提出的概念。也包含了用中國政府允許的方式從事宗教活動的含義。因此教會和教堂的十字架被強制拆除，掛上習主席的肖像，且強化對地下教會的管束。

46 某天微信帳號突然被刪除

「呃，我們社團微信群組聊天室好像怪怪的？」

二〇二〇年二月新冠肺炎病毒在中國正式擴散，在中國留學的朴志範放寒假時回韓國，看到自己的智慧型手機嚇了一跳。數十名大學社團加入的群組聊天室頻頻出錯，無法分享照片或影片。他原以為是微信伺服器全體當機，可是除了這個群組聊天室外，其他聊天室均無異常。那為什麼這個群組聊天室突然出問題？近來在這個群組聊天室經常提及關於「中國政府無法徹底因應新冠肺炎」的言論，或許是這個緣故，就被列入審查對象。

只要有「武漢」、「新冠肺炎」，微信就被封鎖？

有很多像朴先生這樣遭到「微信審查」的案例。加拿大多倫多大學旗下的市民研究所分析了二〇二〇年一月到二月之間的微信聊天室審查實況，以從中國大陸和香港的主要網站中萃取的核心單字為基礎。結果顯示從二〇二〇年一月一日起，中國政府展開了大規模的微信審查。審查關鍵字有「肺炎」、「武漢」、「武漢封鎖」、「李克強」、「新冠肺炎情況」等多達五一六個。將新冠肺炎發生事實透露給外界的李文亮醫師，在感染新冠肺炎病毒死亡後，和「李文亮死亡」有關的關鍵字也新增列為審查對象。多數的情況是被審查的微信群組聊天室被「凍結」一週以上，嚴重時連主導對話者的微信帳號都會被刪除。

微信帳號若被刪除，問題會比想像中還嚴重。在中國「刪除微信」就等同於被社會埋葬。微信不僅是純粹的訊息傳達工具，而是生活必備應用程式，是中國人們最常使用的通訊工具、主要社交媒體，也是付款工具。根據微信的事業報告，八二%的中國人口，也就是相當於十一億五千萬人正在使用微信，其中八億人使用微信的簡易付款服務功能。在現金幾乎消失的中國無現金社會，無法使用微信，這就近乎於社會生活被宣判死刑。

為了恢復消失的微信帳號，必須向微信營運公司騰訊提出異議申請，但不保證能百分之百復原。帳號恢復所需時間也大相逕庭，再加上微信規定一個手機號碼只能綁定一個帳號。若要使用目前的手機號碼重新創建帳號，也是不可能的任務。

知識分子的帳號被刪除

二〇二〇年新冠肺炎事件時，有許多案例是挺身而出批判中國政府的知識分子帳號遭到刪除。中國武漢大學的秦前紅教授批判政府的新冠肺炎因應政策，在微信上發布了「會演變成比胡耀邦總書記死亡時更嚴重的情況」。一九八九年四月被選為鄧小平繼承人的胡耀邦與世長辭，哀悼他死亡的學生示威，最後演變為天安門事件。由於隱晦的提及被中國政府視為禁忌的天安門事件，秦教授的微信帳號在二月二十五日突然被刪除。北京大學教授賀衛方在微信上刊載批評國家主席習近平的文章後，帳號遭到封鎖。清華大學教授許章潤寫下「憤怒的人

在中國微信帳號被刪除就等同於被社會埋葬

民不畏懼」的文章後，帳號隨即就被刪除了。

向網路企業要求「自我審查」的中國

通訊軟體審查在中國之外的世界，被視為侵害私生活。在韓國為了防範再次發生「N號房」事件，近來在國會通過了《N號房防治法》（電子通訊事業法、情報通信網法修正案）。修正案的主旨是NAVER、Kakao這些網路事業廠商，應採取技術性措施防止散播色情內容。但這些措施卻引發了疑慮，是否連KakaoTalk聊天室或個人部落格都要遭到「審查」。廣播通訊委員會主張私人的對話不涵蓋在管理對象內，因而無審查的疑慮，這個事件才得以告一段落，但是是否審查網路上的私人訊息，依然是個敏感議題。

不過中國的情況則是大不相同。反倒是線上企業站出來要求「自我審查」的現象愈演愈烈。只要是社交媒體、線上新聞、遊戲、影片、線上旅行社等網路公民可自由發文交流的地方，沒有廠商不採行審查規定。此外這類網路控管的程度，進入習近平主席時代後變得愈來愈嚴格。曾有一家線上媒體在刊登了批評中國政府的經濟報導後，突然被封鎖連結。

由於審查的緣故，發生許多讓人哭笑不得的事件。二〇二〇年六月二十九日《紐約時報》報導了中國聲樂家劉克清的案例。劉克清的外貌和聲音與習主席極為相似，在TikTok上關注他的人數超過三十萬名。然而二〇一九年由於個人資料照片和習主席太過雷同，他的社交媒體帳號突然被停權，他出面更換照片後，才得以再次復權。此後他的帳戶仍數次遭到封鎖。在二〇二〇年五月中國最大年度政治活動兩會前，帳戶毫無任何理由就被停權。

微信審查

中國最大的通訊軟體、被當作主要付款工具使用的微信的帳號或是貼文被政府審查。結果會導致微信帳號被停權或是突然被刪除。主要是對於政府抱批判角度的發言會成為審查對象。根據加拿大多倫多大學的研究，微信將「習近平」、「肺炎」、「李克強」、「武漢」等至少五一六個單字列入審查黑名單。

47 突破萬里防火牆的VPN

「在中國不能用KakaoTalk？」

生平初次前往中國旅行的金呂行聽到朋友的話後非常吃驚。「最近連NAVER查詢或是論壇都很難連線。」常去中國的朋友補充說道。「什麼？又不是去沒網路的偏遠地區探險，怎麼可能用不了？」聽到金呂行的質疑，朋友無奈的聳聳肩說道。「中國打造了『萬里防火牆』封鎖海外網站。你去之前記得在智慧型手機上安裝VPN後再去。」

萬里防火牆和VPN

「萬里防火牆」（Great Firewall）是中國歷代王朝為了阻擋北方游牧民族侵略建造的「萬里長城」和阻擋資訊通訊網連線的「防火牆」結合而成的單字，為了阻止中國國民連線到海外網站建立的網路控制政策。僅限於在中國連線的使用者，阻擋谷歌、YouTube、臉書、Instagram、推特這類海外網路服務。韓國的NAVER和Kakao的服務也常被列為封鎖對象。中國為什麼要封鎖這類網站呢？中國政府對引以為恥的天安門事件採取封鎖措施，是為了不讓國民接觸到反政府輿論。因此萬里防火牆的封鎖清單內，除了一般網路企業，還包含了《紐約時報》、《華爾街日報》等英美地區，以及香港、台灣的媒體。

不過在中國並非完全無法使用YouTube和臉書。若使用VPN（虛擬私人網路）服務，任意變更載有使用者連線資訊的IP位址，即可翻牆連線。舉例來說，若在中國使用VPN，我的IP位址會變成美國，讓中國的防火牆無法過濾，才能順利連線。本來VPN是用於企業內部交換資訊，提升安全性，然而在中國卻為了連線到全世界數十億人口普遍使用的服務，被當作翻牆軟體使用。

中國人不用臉書和YouTube，用什麼呢？

有別於居住在中國的留學生和海外駐外人員，中國人不覺得有必要使用VPN。因為他們從一開始用網路，就只用中國產應用程式，即使不使用海外服務也毫無不便之處。檢視下面圖表，就能了解在中國主要使用的服務取代了海外知名服務。

實際上中國的萬里防火牆不僅僅是控制輿論的工具，也是本國網路企業培育的保護政策。在谷歌和亞馬遜無法進入的中國，百度和阿里巴巴獨占了龐大的內需市場，成長為全球科技巨龍；跟隨推特服務的微博，以及模仿YouTube的優庫等也一樣。

圖表｜替代海外服務的中國應用程式

海外原創應用程式	替代的中國應用程式
谷歌	百度
YouTube	bilibili、愛奇藝、優庫
推特	微博
Apple Music、Melon	QQ音樂、蝦米音樂
亞馬遜	淘寶、京東

由於萬里防火牆的緣故，連《寄生上流》都看不了？

二〇二〇年七月起實施的《港版國安法》圍繞的各種爭議中，「萬里防火牆」也涵蓋在內。本來香港和中國大陸不同，是能自由連線到谷歌、臉書等海外網路服務的例外區域。但中國政府在實施港版國安法後，情況則有了一百八十度轉變。現今在香港也很難連線到全球網站。二〇一九年起因香港反中示威，審查如火如荼的展開，有效控管相關輿論透過網路散播。因此提供網路翻牆服務、在香港成立辦公室的海外VPN廠商若是繼續經營下去，有極高的可能性會以違反國安法的嫌疑遭到逮捕。《港版國安法》大幅強化當地警察的權限，即使沒有搜查令也能搜查廠商。違反國安法視為對整個國家安全的挑釁，最重可處以無期徒刑。實際上VPN使用廠商無法延續在香港的事業。因此總公司在美國的「IPVanish」、「Private Internet Access」，加拿大廠商「TunnelBear」等中斷了香港的事業。

韓國電影也由於萬里防火牆的緣故面臨難以出口的情況。舉例來說，奉俊昊導演的《寄生上流》在二〇一九年坎城影展寫下四冠王紀錄，卻無法在中國收看。由於新冠肺炎事件的餘波，電影院大都被迫關門，即使想在線上上映，中國當局也不願發放許可。由於《寄生上流》以批判性的角度描述社會不平等和貧困，導致這個問題逐漸擴大。即使中國用戶想要在海外付費網站付錢看電影，也不是件容易的事。提供付費電影的網站大都被萬里防火牆封鎖，因此無法收看。

萬里防火牆

二〇〇三年推出的中國政府的網路檢視和審查系統，是將萬里長城和防火牆合併的用語。中國政府為了社會安定，從源頭封鎖海外網路服務的連結，從網路產業萌芽時期二〇〇〇年代初期開始阻止美國廠商進入市場，也有培育本國網路企業的效果。

VPN, Virtual Private Network

意味虛擬私人網路的用語。本來是在公司透過空中網路，不讓內容外洩到外界通訊使用的私人架設通訊網路。在中國大都用來將連線ＩＰ位址從中國更改為海外，作為從萬里防火牆翻牆的用途。以二〇一八年底為基準，中國的網路使用者八億兩千九百萬名中，使用ＶＰＮ的人數為一億四千萬名，占全體的一七％。但是在中國一般人使用ＶＰＮ是非法的，據說二〇二〇年五月中國山西省就公開懲處了ＶＰＮ使用者。

48 黨知道你昨晚做過的事

「嘉嘉，真的是你嗎？」

二〇二〇年五月十八日，中國山西省西安市公安局（警察局）傳來喜極而泣的哭聲。這一天已過耳順之年的李靜芝夫婦和三十二年前失去的兒子戲劇性的重逢。一九八八年十月，當時丈夫老毛從幼兒園接回二歲八個月大的兒子，回來的路上，老毛為了買飲料付錢暫時鬆開兒子的手，此時兒子被人誘拐了。孩子被賣給距離西安市七百公里的四川省一對夫妻。雖然之後李氏在全國急切的尋找，上過電視節目，也曾收到三百多個舉報，然而最後卻是一場空。

二〇二〇年四月李氏收到一名匿名舉報者表示認識她兒子，並收到一張成年男子的照片。連照片上的人物住在哪裡，甚至是誰都不確定。李氏立刻拿著照片去警察局。警察透過儲存中國市民臉部資訊的人工智慧臉部辨識資料庫，查出該名男子居住在四川省成都市的事實。鎖定居住地後不久，警察就找到了該名男子，並實施DNA檢查。歸功於中國強大的臉部辨識技術，從收到舉報到找到孩子，只花費不到一個月的時間。

中國的臉部辨識技術發展到哪裡了

李靜芝女士和嘉嘉的故事是中國的臉部辨識技術有助於解決犯罪案件的無數案例之一。搭載臉部辨識技術的監視器在中國全區普及化後，從經過的行人中逮捕現行犯的情況日益增多。二〇一八年在聚集了六萬人的演唱會現場掌握了通緝犯加以逮捕，二〇一九年也找到十七年前因殺人嫌疑逃亡的嫌疑犯後收押。中國臉部技術廠商的技術水準高超，僅僅是捕捉在無數的群眾中穿梭的人們的臉孔，就能確認身分。

中國的臉部辨識技術究竟是如何快速成長的呢？中國政府不僅不限定臉部辨識資料運用，而且還積極鼓勵將臉部辨識技術和生活內的服務結合。商湯科技SenseTime、曠視科技Megvii、依圖科技等中國臉部辨識技術公司快速成長為獨角獸企業，都要歸功於政府大力支持。目前在中國臉部辨識成為生活隨處可見的技術。在超市辨識臉孔後，就能輕鬆付款，只要辨識臉孔就能搭乘地鐵。二〇二〇年三月新冠肺炎事件稍稍平穩，許多中國的小學入口安裝了臉部辨識機器，將通過正門的學生體溫資料和個人資訊即時儲存在伺服器內。

現代版老大哥社會

中國為何如此執著於臉部辨識技術呢？這是因為「優點」是能透過安裝在全國的監視器，快速逮捕引起「社會紛亂」的嫌疑犯。中國政府最忌諱的是社會性的不滿凝聚，以及顛覆體制的團體行動。臉部辨識是平息中國這些不滿的有力技術。

因此，西方大肆批評中國打造了現代版「老大哥」社會。實際上安裝在中國街頭上搭載臉部辨識技術的監視器超乎想像得多。根據二〇二〇年七月英國科技專業顧問廠商Comparitech發表的報告，相較於人口數，監視器最多的前幾大都市，二十個當中就有十八個是中國都市。榮登第一名寶座的中國太原市，每千名人口被一一九・五七台監視器監控。以二〇一九年為基準，太原市人口有四百四十六萬一千九百名。這意味著面積為六千九百零九平方公里的都市，約有五十三萬三千兩百台監視器。透過高度的臉部辨識技術，只要中國政府下定決心，就能打造出可監視特定市民一舉手一投足的環境。

圖表｜監視器數量和人口數相較，最多的都市？

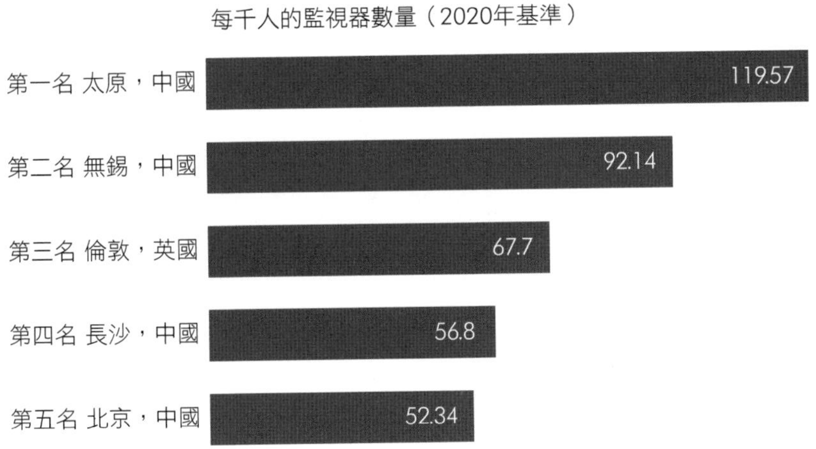

資料來源：Comparitech

舉例來說，中國北京市的某條斑馬線前的人行道，安裝了大型螢幕播放監視器拍攝到的畫面。這個螢幕上曝光了一兩個小時前某些人亂闖馬路的罪證，臉部被特寫放大，看得出來是哪個人。這算是一種「公開處刑」，不僅中國警察可快速掌握不遵守交通規則用路人的身分，透過都市四處裝設的監視器收集的資料，還能得知這個人總共違反幾次交通規則。不僅如此，根據彭博新聞社報導，香港警察擁有技術，從監視器拍攝到示威群眾的影片中掃描臉部，就能立刻確認身分。在反中示威鬧得沸沸揚揚的香港，警察能輕易逮捕示威主導者。以香港為首，在新疆維吾爾自治區等少數民族的獨立紛爭嚴重的地區，中國也利用臉部辨識技術搜索出示威主導者。隨著這些疑慮接連不斷曝光後，美國政府將多數的中國臉部辨識技術公司列入禁止交易黑名單內。

中國版老大哥

暗指中國政府就如同喬治·歐威爾小說《一九八四》內登場的全知全能的控制者「老大哥」，獨占資訊，控制社會。整個中國都設置有搭載高度臉部辨識技術的監視器，在全球社會受到嚴厲批判，實際上中國對於臉部辨識技術發展做了重大投資，同時該技術也用來搜索引起社會紛亂的「反動勢力」。

49 在中國就業留級生很常見嗎？

中國的華南理工大學新聞與傳播學院二〇二〇年六月在網路上傳了「致校友倡議書」。由於畢業生的就業率低，希望校友能給予幫助。信件內容相當迫切。「二〇二〇年我們本科生只有一四・四八％找到工作。為此學院特發起倡議，希望能發揮廣大校友優勢，提供更多、更好的就業資源，助力新傳學子開啟職場第一道門。」

還以為中國的就業情況比韓國好

和韓國一樣，在中國找工作就好比伸手摘天上的星星。大學生之間也流傳著「只要給我人民幣三千元的月薪，不管哪裡都願意去工作。」中國艱難的就業困難背景有許多利空因素。首先大學畢業生人數過多。二〇二〇年就有八百七十四萬名大學、研究所畢業生。這裡加上就業留級生和海外留學派的「海歸」，找新工作的高學歷者人數超過一千萬名。這麼多人同時找好工作，導致就業競爭過度激烈。另外在中國大學生人數增多是近幾年的事。一九九八年時，十八至二十二歲的中國人，每十人只有一人上大學，二〇一六年就增加到每十名中有四人。

還有另一個原因，美中貿易戰爭和新冠肺炎事件導致中國經濟情況惡化。每當經濟不景氣時，企業最先考量的就是縮減雇用規模。二〇〇三年SARS事件時，中國在一年內短少了一百二十七萬個工作機會。同樣在二〇〇八年金融危機時，失業者愈來愈多。當前中國的經濟情況有多惡劣呢？中國二〇二〇年第一季GDP，相較於前年度縮減了六・八％，四十四年來初次面臨負成長。歇業的企業也持續增加，中國企業資訊平台「天眼查」指出，第一季就有四十六萬家公司倒閉。

中國的失業問題對策？

中國政府也意識到問題的嚴重性，隨即建立失業問題相關對策。中國的失業對策大致上可分類為「研究所、軍隊、農村、攤販」四種。讓我

圖表｜中國大學、研究所畢業人數

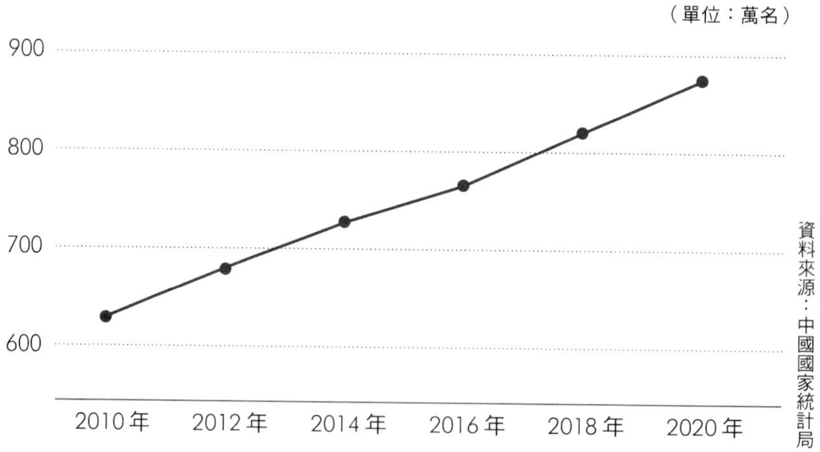

們逐一檢視。

研究所

中國教育部發表二〇二〇年研究生和大學編入生編制人數將增加五十一萬名。目的是將原本預計進入就業市場競爭的五十一萬人留在學校。中國研究所入學的平均競爭率高，超過三比一。因此擴大編制，意味著增加學生人數。

軍隊

中國軍隊也比往年招募更多軍人以吸收失業者。中國不是徵兵制，而是採募兵制，因此是可行的事。擁有大學畢業學歷的中國人向來忌諱艱辛的軍隊生活，然而隨著就業變困難，有投入軍隊的趨勢。

農村

也將大學畢業生下放到農村。由政府支持到鄉下擔任農村幹部，或是當農村創業家。中國福建省將六千名大學畢業生派遣到農村，每人年度發放人民幣兩千元的補助金。廣東省也決定在兩年內將兩千名大學生送往農村，負責網路相關業務。大學生前往農村，有地區開發和擊退貧困的效應，對於中國政府而言，可說是一石二鳥的政策。

攤販

將攤販商獎勵政策也當作失業對策，這是為了避免在路邊擺攤賣東西被視為無業遊民。中國若放寬對攤販的限制，預估最多可創造五千萬個工作機會。中國是在二〇〇七至二〇〇八年金融危機十多年後解除對攤商的管制。

政府也表示能夠做的，不管什麼都去做。中國地方政府爭先祭出雇用補助金支援等對策。北京市二〇二〇年七月發表了政策，雇用大學畢業生的企業，一人補助人民幣三千元最長六個月。

中國為何對失業者問題如此敏感？

中國的失業者問題相當重要，連李克強總理都聲明是「最重要的任務」。高學歷失業者若成為在大都市貧民區打探就業機會的「蟻族」（共同生活的貧窮高學歷者），或變成依附父母生活的「啃老族」，將會造成社會混亂。而中國更害怕的是失業者的大規模叛亂。一九八九年從北京大學開始的民主化熱潮擴散到中國全區，最後演變為天安門事件，其背景是由於經濟困難。一九八八年物價上漲了一八・五%，北京找不到工作的勞工激增。對於經濟惡化感到忿忿不平的學生和失業勞工群集後，演變成比任何時刻都更堅決的示威。

50 中國失業率是假的嗎？

在中國很難正確得知失業率。政府發表和民間研究所的推測值差距過大，二〇二〇年四月中泰證券研究所的失業率推測值為二〇・五%，然而中國統計局正式發布的失業率則為六・〇%。這麼大的差異，讓人煩惱不知道該聽信哪一方的說詞。

中泰證券研究所和中國政府各說各話

民間公司中泰證券研究所表示中國的失業情況相當嚴重。若是這間公司主張的「失業率二〇・五%」屬實，那麼中國約十億勞動人口中，就有二億名無業。這間研究所說明由於新冠肺炎病毒的餘波，中國在幾個月內新增了七千萬名失業者。中國統計局也評估四月失業率會惡化。這段期間以來，統計局發表的中國失業率都不超過四%至五%。但考慮到國家經濟因新冠肺炎事件受到重大打擊，近來中國失業率變動幅度實屬過低。

遭逢世界金融危機的二〇〇八年，中國的失業率統計低到引發質疑。由於結構調整，遭到解雇的勞工人數眾多，但是失業率卻幾乎毫無變化。有新聞報導指出，東部沿岸的兩千萬名工人在一夕之間失去了工作，不過這期間的失業率只從四・〇％微幅上升至四・二％。

真實的中國失業率是多少？

中國的失業率，綜合考量民間機構發表的推測值和政府統計得到的數值較接近事實。這是由於中國政府發表的失業率是扣除了社會底層統計來計算。中國首席經濟學者劉陳杰二〇二〇年三月在經濟專業媒體《財新》撰文表示：「中國國家統計局最新資料顯示，到二〇二〇年二月失業率為六・二％，該統計排除了高達兩億九千萬名的農民工，有正確性的限制。」農民工是指從農村移居的都市勞工。他們登記為農民，在都市工作本身就是非法的，因此在暗地裡找工作，靜悄悄的被解雇，不被計算在統計內。換句話說，農民工無疑是非法居留者。都市出身的失業者，也沒有全部被納入統計。在中國要被認定為失業者程序相當繁瑣。在勞動部登記成為失業者的條件有三，①不是農村出身，②失業保險應投保一年以上，③男性應在五十歲以下，女性則在四十五歲以下。

即使具備了失業者條件，也因為太難「申報失業」而做不到。勞工失業後，要在六十天內返回居民登記所在地申報。舉例來說，來自廣東省，若在北京失業，就要返回距離相當於來回首爾釜山三趟的廣東省申報。但若是失業者想留在北京準備再次就業，就會抱持「不曉得何時才能回去」的念頭而放棄申報。在中國就業困難，但是失業也很困難。

都市失業率

中國政府發表的官方失業率名稱。由名稱就能得知，中國的失業率統計僅反映了都市情況。這是假設居住在鄉下而非都市的人口全部都被雇用。這份統計中排除了在農村為了賺錢搬遷到都市的數億名農民工。因而可推測中國的實際失業率比發表的統計還高出許多。

農民工

在中國都市工作的農村出身勞工，由於中國的改革開放政策，拉大了都市和農村的貧富差距，從一九九〇年代中半開始，農村居民們大舉移居到都市找工作。以二〇一四年為基準，中國農民工人數為兩億七千三百九十五萬名，占全體人口的二〇％。每年有一千三百萬名農村人口移居到都市。中國經濟高速成長歸功於農民工的低廉薪資。他們占了中國的建設、製造、服務業從業人員的一半。

51

「抱歉是文科生」現象在中國更嚴重

「要是每個人都主修電腦工程，那麼誰來外送餐點呢？」

最近中國入口網站百度在網路上發布了內容為「四年制大學文科生，就業前景黯淡」的貼文。表示自己也是文科生的網民暗喻文科畢業生由於就業困難常打工做宅配的現實，這也是一種「自嘲」。該貼文下吸引了數百人「按讚」。這和韓國的笑話「文科生畢業找不到工作去開家炸雞店」有著異曲同工之妙。

中國文科生真的很難找工作嗎？

文科生去企業面試落榜的故事多不勝數，現在就來看看更正確的統計資料。根據中國資料分析機構麥可思的報告，中國大學的系所當中，畢業六個月後就業率最高的是軟體工程（九六・七％）。能源、電力工學、物流系統管理、資料管理、看護學等理工科系、醫學系主修則緊追在後。文科科系主修中排名最高的財務管理（九四・二％）位居第十七名，前五十名當中，文科只占了九個。「屬於純文科」的文學、歷史、哲學等科系，根本連排名都擠不進去。

理工科系為什麼較容易就業呢？

反之，中國理工科系畢業生幾乎沒有就業煩惱。根據中國理工科系名門大學航空航天大學的二〇一九年畢業生就業報告書，該校的畢業生在求職過程中平均被三・九六家企業錄取。北京理工大學的二〇一九年度畢業生就業率為九八・三五％，雇用最多該校畢業生的前三十家企業，全部都是航太技術、軍事技術或是電子工程領域的企業。對此輿論媒體《中國青年報》分析指出：「隨著新興科技企業和技術相關產業市場擴大，對於理工科系畢業生的需求遠超過供給」；「和文科畢業生形成極大差異。」

在中國就業市場內，理工科系的需求源源不絕，這和國家主席習近平提出的「中國夢」構想也有著密不可分的關係。中國夢是習主席執政後提出的標語，意味著「中華民族偉大復興」，蘊含了和

圖表｜在中國最容易就業的系所

排名	主修	就業率
1	軟體工程	96.7
2	能源工程	95.8
3	電子工學和自動化	95.6
6	看護學	95.1
⋮	⋮	⋮
17	財務管理	94.2

美國一起躍居為世界兩大強國的藍圖。尤其指出這類國家計畫的核心是「技術」。實際上在十年前，中國世界工廠的形象更加突出。附加價值高的尖端技術由美國專屬；動員大規模廉價人力生產產品的「夕陽產業」則屬於中國。習主席在二〇一二年的中國夢宣言，實際上闡明了將轉型為技術國家。網路、通訊、航太技術，以及人工智慧、大數據這類尖端新技術，將快速跟上西方國家的腳步，最終超越他們。在中國夢這個龐大的基礎下，政府發布各種以技術為中心的政策。

培養中國夢的各種政策

中國的技術刺激政策中，最重要的是二〇一五年發表的「中國製造二〇二五」。這是中國技術發展的三十年期長期計畫，目標是在前十年邁入全球製造強國行列。第二個十年，將透過革新技術在競爭優位產業牽制全球市場，最後十年則在主要產業內躍升為領先世界技術市場的地位。換言之，二〇四五年中國會成為超越美國的技術領先國家。中國製造二〇二五記載了由國家主導培育的十大策略產業。資訊、機器人、航空、海洋、鐵路、資源、電力、農業、新材料、醫療產業等，當然全部都是理工科系。

然而中國朝著技術強國發展的野心，惹惱了美國這個既存霸權，從二〇一八年起點燃美中貿易戰的戰火。以華為為首，這些在全球市場嶄露頭角的中國科技公司成為美國的目標。美國表面上將保安威脅視為問題，但實際上是為了不讓中國在技術上占盡優勢，試圖進一步牽制。

中國夢

國家主席習近平在二〇一二年被選為共產黨總書記後提出的核心統治理念。以「中華民族偉大復興」為目標。中國夢包含了國家富強、民族振興、人民幸福等三大核心價值。中國用可實現這些目標的核心策略瞄準「技術崛起」。

中國製造二〇二五

中國國務院於二〇一五年五月八日發表的產業升級策略。內容載有中國迄今身為「量的製造業強國」，要透過核心技術，轉型為「質的製造強國」。德國的「工業4.0」、日本的「日本復興策略」、美國的「國家核心策略」等有類似的規模。目標是在未來三十年內集中培育核心技術領域，發展成為領先世界的技術強國。

第5章

文化

——中國如何操控文化？

52 訂閱、按讚，設定通知！

「網紅」是指中國版當紅BJ（Broadcasting Jacky）。網紅的人氣不亞於知名藝人，他們推薦的商品，在一分鐘內能銷售人民幣數十億、數百億。中國網路使用人口眾多。比在韓國數一數二的人氣YouTuber或BJ更具優勢。在中國，甚至是韓國流通產業都爭相聘請的「網紅」是怎樣的人物呢？

近來中國線上購物市場由直播商務主導，直播人氣網紅出場介紹產品、親自使用的影片。想購買產品的顧客只要點擊幾下就行了。這是電視購物的網紅版本。根據大韓貿易投資振興公社的資料，二〇一五年中國MCN（多頻道聯播網）廠商還不到一六〇家，在二〇一九年底增長至一萬四千五百家。簡而言之，MCN運用網紅進行線上行銷和管理銷售事業，類似演藝經紀公司。二〇二〇年一月到三月間，在中國線上購物平台進行的直播商務已逾四百萬件，有超過兩億六千五百萬名觀眾收看。

中國的直播影音廠商快手表示，二〇一九年十一月當紅男性美妝創作者「辛巴」（訂閱人數三千四百七十萬名）在韓國保養品直播商務中，短短五分鐘內就販售了四千二百五十萬組，營業額飆升到人民幣四億。知名網紅「薇婭」和「李佳琦」在二〇一九年雙十一購物節時，分別在八小時、六小時三十四分鐘內直播賣出了超過人民幣二十七億和十億。企業之所以重金禮聘網紅，是因為沒有比這個更明確的營業保證支票了。

網紅行銷並非總是成功

在二〇二〇年新冠肺炎事件限制海外旅行之前，首爾東大門服飾批發街也常見到網紅們的身影，換穿衣服拍攝直播影片。網紅在社交媒體型購物網站小紅書、淘寶等平台開啟線上聊天功能，試穿衣服後，一邊說「這件怎麼樣？」「價錢挺實惠的」，一邊賣東西。由於薩德反導彈系統衝突，導致營業額大幅衰退的東大門，在網紅商人們現身後，再次找回原有的活力。

韓國企業也有愈來愈多透過網紅進軍中國市場的案例，不過被詐騙的情況也層出不窮。實際上僅有極少數的真正網紅能在短短幾分鐘內締造出數億韓元營業額。捧著數億韓元廣告費重金禮聘的網紅，結果銷售業績並不理想的情況實際上比想像中來得多。偶爾也會有網紅銷售自己專長以外的產品時，發生令人哭笑不得的事件。中國代表性的「美妝完售男」李佳琦在二〇一九年初線上直播賣不沾鍋。他強調該鍋具有優異防沾功能，但在直播時卻發生了煎雞蛋沾鍋的尷尬事件。李佳琦雖然在之後辯解「是未按照說明書的要求操作和使用導致的」，但卻成為網紅行銷最具代表性的失敗範例。

樹大招風的網紅

擠進明星陣容的網紅的私生活常常出問題。二〇二〇年淘寶總裁蔣凡因和自家平台進行直播商務的網紅張大奕傳出緋聞而遭逢了危機。模特兒出身的張大奕是微博追蹤人數超過一千一百萬名的代表網紅。歸功於她的影響力，張大奕所屬的經紀公司如涵於二〇一九年四月在美國那斯達克交易所掛牌上市。然而這個緋聞卻讓張大奕的評價跌入谷底，造成公司股價大幅震盪。

中國消費者協會在二〇二〇年「六一八」購物節，收到超過十一萬件和網紅直播商務相關的投訴案。中國政府從二〇二〇年七月一日起發表了「直播商務行為規範」，嚴禁在直播商務途中抽菸，或是發言低俗的行為，並警告會對誇大不實的商品宣傳追究法律責任。

網紅

網路紅人的縮寫，是因網路出名的人物。網紅從二〇一四年開始登場，目前成長為可任意操控中國線上網路市場的大人物。人氣網紅在短短幾分鐘就能輕鬆締造人民幣數百萬的營業額，展現出過人的影響力。不過當網紅經濟愈火熱，副作用就變得更明顯。直播的焦點著重於商品銷售，誇大宣傳產品，但是當產品有瑕疵時，缺乏後續的因應措施等，這類消費者的抱怨可謂層出不窮。

53 中國版的我也是BTS（防彈少年團）粉絲

二〇一九年八月，中國深圳市的寶安體育館聚集了三萬兩千名粉絲。盛大的演唱會活動出動了上千名保全人員。聚集在此地的粉絲們，手上高舉著相同的加油棒，晃動著寫有歌手名字的標語牌。這是當紅韓國流行音樂歌手在中國的演唱會嗎？不，這一天在這家體育館大放異彩的主角是中國人氣偶像「TFBOYS」。

TFBOYS的人氣有多旺呢

TFBOYS，簡而言之就是中國的「國民偶像」團體。二〇二〇年八月迎接出道七週年，所有成員跨足了電影、連續劇、歌謠、綜藝等領域，橫掃中國演藝界。TFBOYS是「加油男孩The Fighting Boys」的縮寫。成員中的大哥也是隊長王俊凱一九九九年生，其他兩名成員均為二〇〇〇年生。分別在年滿十三歲、十四歲時出道。因此從成員們稚嫩的時期起就被圈粉的「鐵桿粉絲」們常說「是用養育孩子的心情追星」。二〇一九年八月舉行的TFBOYS出道六週年紀念演唱會，第一次預售時，兩萬五千張門票被瞬間秒殺，為了購買第二次預售釋出的六千多張門票，湧入的人潮高達一百一十五萬名。大多數預購門票失敗的歌迷們，只能透過演唱會現場轉播收看，收看的觀眾人數多達一億五千六百萬名。這是韓國國內偶像難以超越的紀錄。

成員在二〇一八年公開的財產水準相當驚人。人氣最旺的易烊千璽，當時僅十八歲，卻已坐擁人民幣三億資產。其餘的兩名成員，分別有人民幣二億、二億五千萬身家。當然目前他們的資產規模肯定比之前還要多。

在韓國活動的中國偶像，為何選擇回中國呢？

在韓國的中國演藝人員和經紀公司解約，選擇回中國發展的情況屢見不鮮。Super Junior的韓庚為了在中國從事演藝活動放棄了韓國，身為經紀公司後輩，也是知名人氣偶像EXO的中國成員吳亦凡和鹿晗也做出類似選擇。他們退團時，在韓國還有人感嘆「居然離開前景看好的團體」。不過考量到中國內需市場人口和演藝界規模，就結果而言，退團的他們反而在中國賺到更多財富。實際上根據中國演藝界的統計，鹿晗在中國一年約賺人民幣二億。吳亦凡也參加各種中國實境節目和連續劇等，推測年收入高達人民幣一億三千萬。

不過就韓國人的立場而言，中國偶像總有種「似曾相識」的感覺。那是因為中國這個偶像產業後起之秀積極模仿韓國經紀公司的ＭＶ、時尚、企畫內容等。歸功於龐大的內需市場，在中國成功的偶像雖然收入可觀，然而這也使得他們尚無法在中國以外的海外市場嶄露頭角。最具代表性的範例是TFBOYS在二〇一五年發表的歌曲《樣YOUNG》MV，涉嫌抄襲EXO的《十二月的奇蹟》MV。從MV背景和鋼琴等配件，甚至抱小狗或畫畫的動作都一模一樣。但是正式起步的中國偶像產業湧入了龐大資本，有評價指出，近來中國內容的水準已追上韓國。照這樣發展下去，中國偶像反過來在韓國出現大批狂熱粉絲，也絕非不可能的事。

TFBOYS

二〇一三年以三人組團體出道的中國頂尖國民偶像。他們在中國演藝人員品牌價值中高居前幾名，開演唱會時，數萬張門票會在一秒內被搶購一空，具有超高人氣。中國演藝界過去尚未有像樣的偶像產業，TFBOYS的出現，相當於中國的「第一代偶像」。中國至今為止總是模仿韓國偶像產業，不過TFBOYS之後，就以自己獨有的專業知識和資本為基礎，快速的躍進。

54 就連超級巨星也只能賺國家規定的金額

二〇二〇年六月，中華圈人氣電影明星周冬雨的名字突然躍上中國入口網站百度即時熱搜第一名。周冬雨在二〇一〇年演出中國著名小說改編電影《山楂樹之戀》出道，一夕成名。她之所以突然受到矚目，並非有新作品上映，也不是因為說錯話，而是有情報曝光「周冬雨在二〇一七至二〇一八年拍攝的連續劇《幕後之王》收取高達人民幣一億零九百萬的片酬」。韓國人可能會想：「人氣演員收取天文數字的片酬，那又怎樣？」然而中國不同。演員若賺太多錢，實際上會有法律問題。

演員身價等同於金價的國家

中國並非從一開始就設下電影、連續劇、綜藝節目的演出費上限；相反地，中國的大眾傳播界原本是只要表現得好就能累積驚人財富的機會之地。二〇一八年播出的中國宮廷劇《如懿傳》，總製作費人民幣三億，其中男女主角的片酬就高達人民幣一億，最頂尖人氣演員的演出費，每部作品少則人民幣八千萬，多則高達人民幣一億五千萬。

由於明星身價逐日高漲，對中國的廣電市場造成驚人的副作用。總節目製作費的五〇％至八〇％大都用來支付演員片酬，結果製作不出優質的內容。韓國的演員演出費占總製作費的二〇％至三〇％，美國也在三〇％左右。「身價如金價」的現象持續下去，壓垮的最後一根稻草正是中國知名演員范冰冰的逃稅事件。二〇一八年范冰冰被質疑透過簽訂雙重合約，領取鉅額演出費後逃稅，過沒多久范冰冰突然失蹤。縱使出現了被自家軟禁、逃往至美國、死亡等種種推測，但她卻在銷聲匿跡三個月後再次出現，公開道歉表示：「對於逃稅行為深刻的反省，且願意負責」。香港《蘋果日報》報導范冰冰為了繳納超過人民幣一千四百億的稅金和罰款，緊急拋售她名下位於北京的四十一間大樓。

拔刀的中國政府

中國演員過高的演出費成為政府的眼中釘。不正常的富裕造成社會兩極化和所得不均，擴大社會不滿。對中國政府而言，貧困問題通常與社會穩定性和政權穩定性息息相關。國家目標是讓所有人成為安居樂業的中產階級（小康），這也是政府執著於年度GDP上升率的原因。若是經濟穩定成長，人們期待明天變好，也會對一黨獨裁和無自由的政治問題抱持較寬容的態度。

演出費問題最初被公開討論是在二〇一六年中國制定電影產業促進法同年的全國人民代表大會常務委員會議中。二〇一七年九月和連續劇產業有關的團體，提出「限制演出費」的意見。內容是限制演員演出費不得超過總製作費的四〇％，主要演員的演出費不得超過演出費的七〇％。這些意見在二〇一八年八月被中國中央宣傳部、文化部、稅務總局、廣電總局等政府機構接受後制度化。這就是所謂「限薪令」的收入限制令。彙集業界的意見，決定每集的演出費含稅不超過人民幣一百萬，總演出費含稅金不超過人民幣五千萬。

不過這些制度推出後，仍有演員被揭發暗地裡收取鉅額演出費，也有人譴責若演員和製作公司進行雙重合約，也無法制止。對此中國政府於二〇二〇年二月在此制度上增訂了新條款。也就是當演員拿到新工作時，和製作公司簽訂的合約影本，一定要向政府報告。中國政府甚至透過范冰冰的範例殺雞儆猴，向大眾展示無論是多受歡迎的大明星，都能監禁調查。義務性向政府報告合約，也能遏止私底下多收取報酬。

55 仿冒的世界

穿著寬大的嘻哈褲，手臂上有刺青的一名參賽者，唱著即興饒舌歌。專注聽饒舌歌的前EXO

成員吳亦凡高喊「合格」，將寫著「RICH」的金項鍊交給參賽者。這是中國的嘻哈生存實境秀節目《中國有嘻哈》內，挑戰者通過緊張的預賽得到製作人肯定，晉級正式比賽的時刻。這明明是中國播出的節目，為什麼卻有種似曾相識的感覺呢？《中國有嘻哈》的標誌、競爭方式，甚至是表演者的歌曲，都和韓國電視頻道Mnet的人氣節目《Show Me The Money》毫無二致。這是中國電視台向韓國的Mnet購買版權後新製作的節目嗎？很遺憾的，答案是「No」。

綜藝後起之秀，追隨賺錢的節目類型

在中國廣電市場，綜藝分類是近來沒有太大進展的領域。中國政府為了控制輿論，緊掐著電視台不放，表達方式較自由，鼓勵競爭的綜藝節目難以取得播放許可。取代綜藝的是鼓吹反日情緒的歷史連續劇、教育、時事節目等，占了大部分的節目表。然而自從幾年前，透過線上影音業者OTT流通的海外綜藝節目在中國大受歡迎。碰巧中國政府受到高速發展的經濟鼓舞，獎勵多元文化事業，然而，製作節目的電視公司尚缺乏綜藝相關專業知識。因此中國電視公司和節目製作公司直接取得已成功的海外綜藝類型節目版權後，再次生產。

和薩德反導彈有關的韓中衝突開始後，二〇一七年中國發布了「限韓令」，除了韓國製遊戲、電視節目、音樂等內容，甚至還禁止赴韓國旅遊。中國電視局在限韓令時加快腳步，趁機以抄襲韓國節目取代購買。

仿冒節目的饗宴

中國不以正當管道購買版權就製播的節目多不勝數。舉例來說，中國最大衛星電視公司湖南ＴＶ播出的《我家那小子》，從節目名稱到布景擺設都和韓國無線電視頻道ＳＢＳ的《我家的熊孩子》極為相似。湖南ＴＶ推出了《中餐廳》節目，讓演藝人員在國外開餐廳，這也是直接非法抄襲韓國有線電視台tvN的《尹食堂》節目。Mnet的人氣生存節目《PRODUCE 101》，雖然有中國節目《創造101》正式購買版權，但是也公然播出非法的仿冒節目《偶像練習生》。關於這類現象，韓國知名製作人羅暎錫在先前媒體的採訪中表示：「由於限韓令的緣故，韓中兩國的關係僵化，購買正版節目版權的行為本身，似乎也要看官方臉色。」

不僅如此，抄襲韓國偶像團體舞台創意的情況也屢見不鮮。二〇二〇年六月十四日播出的中國音樂綜藝節目《天天向上》，一名男歌手演出華麗的扇子表演，廣受好評。不過這是模仿同年五月韓國偶像團體Golden Child在Mnet的音樂生存節目《Road to Kingdom》上的表演。但是針對這類剽竊爭議，韓國的演藝企畫公司表示：「舞台的中國綜藝的抄襲，難以一一對應。」

韓國電視公司向未支付版權費的中國節目提出法律訴訟，最後雖然勝訴了，卻一再拖延賠償金的支付，令人相當頭痛。舉例來說，ＭＢＣ文化廣播公司並未收到中國綜藝製作公司燦星二〇一五年播出的中國版《蒙面歌王》的收益版權費。燦星和ＭＢＣ簽訂收益分配合約，製作名為《蒙面唱將猜猜猜》的節目後播出，但以礙於限韓令無法匯款的理由延誤版權費支付。對此

MBC上海分公司進行法律程序，二〇二〇年四月中國準司法機關中國國際經濟貿易仲裁委員會判決燦星支付MBC節目的收益金。但是直到二〇二〇年八月都仍未支付這筆款項。即使法律行動成功，收取積欠的收益金卻仍面臨重重關卡。

遊戲內也有仿冒的現象

這類仿冒現象在遊戲產業也很突出。最具代表性的是在全世界受歡迎的韓國產射擊遊戲「絕地求生」。中國遊戲公司網易於二〇一八年推出和該遊戲相似度極高的「荒野行動」。這些遊戲是搭乘飛機從空中降落後，展開激烈的槍擊戰，直到最後一個人生存為止，遊戲類型完全相同。開發絕地求生的韓國開發公司PUBG在二〇一八年控告網易抄襲。二〇一九年三月達成和解後，PUBG隨即撤銷訴訟，但是二〇二〇年上半年度卻以「網易不遵守協議事項」再度提出訴訟。

56 十四億人口出不了一個足球巨星的原因

在全球運動界，中國的足球成績是難以解開的謎題。二〇一六年在巴西里約熱內盧舉行的第三十一屆奧運，中國以二十六面金牌、十八面銀牌、二十六面銅牌的成績登上世界第三名。先前在二〇一四年倫敦奧運中，獎牌排名為世界第二名。但是根據國際足球聯盟FIFA的資料，中國的男子足球以二〇一九年為基準，排名世界第七十六名。意思是指中國雖是世界排名第二的經濟強國，也是運動強國，但其足球水準卻和長期內戰的敘利亞（第七十九名）不相上下。中國為何唯獨在足球無法提升成績呢？

中國的足球黑歷史

對中國而言，進入世界盃會內賽就是個難關。中國國家代表足球隊至今為止只有一次擠進世界盃會內賽，正是二〇〇二年韓日世界盃。剛好由亞洲足球強國韓國和日本擔任主辦國，直接從預賽中排除東道主國，中國才得以搭順風車。二〇〇二年世界盃當時中國是所有參賽國當中唯一沒進球的國家。排名位居參賽國的第三十一名，只贏過沙烏地阿拉伯。

除了世界盃之外，中國足球的黑歷史多到數不清。和歐洲國家對打時，以高分慘敗也不算是太驚人的事。和泰國等東南亞隊對戰時，結果也大同小異。愈來愈少聽到中國踢贏哪個國家的消息。尤其中國從很久以前只要和韓國對打，就有極高的機率落敗。中國足球界盛傳「恐韓症」（韓國恐懼症）有一定的原因。

大把撒出的錢反而是毒藥？

足球實力為全世界取笑後，中國政府出面培育足球事業。國家主席習近平親自表示「我的夢想是中國舉辦世界盃獲勝」。中國政府動員了大企業經營球隊，甚至還積極推出外國選手歸化政策。這種中國足球培育政策稱之為「足球崛起」。從二〇一三年起，在中國足球超級聯賽中以MVP活躍的巴西籍的攻擊手艾克森（Elkeson de Oliveira Cardoso），於二〇一九年八月正式成為「中國人」。隨後巴西籍的里卡多・高拉特（Ricardo Goulart Pereira）等在中國聯賽踢球的外國選手

圖表｜近三年來中國的FIFA排名

	中國	韓國	日本
2017年	第71名	第60名	第57名
2018年	第76名	第53名	第50名
2019年	第76名	第40名	第28名

資料來源：FIFA

們，也進入歸化程序。選擇歸化的選手們，無論在金錢上，或是生活和居住方面，都獲得超乎想像的優厚待遇。

然而有人批評，在中國當地足球聯賽花大把金錢投資，反倒是阻止中國足球實力提升的最大絆腳石。首先在中國聯賽做出成績的選手們，領取相較於實力過高的年薪。以二〇二〇年為基準，在各隊嶄露頭角的選手們的年薪，稅後約為人民幣八百萬至一千一百萬，等同於十三至十九億韓元。同期間在韓國K聯賽年薪排名第一的金珍洙（全北現代汽車）選手的年薪為十四億三千五百萬韓元，領取十億韓元以上年薪的選手僅有三位。

二〇一九年十一月中國在敘利亞的世界盃外圍賽，以一比二落敗。得分的敘利亞選手的月薪還不到人民幣一千六百元。得知這個事實的中國足球粉絲們憤怒的表示：「沒有成績，只是領鉅額年薪。」中國輿論媒體也指責：「在中國聯賽拿了太多錢，無心進入歐洲等海外聯賽」。

讓中國足球陷入泥淖的社會性因素

除此之外，有各種原因使得中國足球委靡不振。其中之一是有人認為是中國政府從一九七〇年代起實施的「一胎政策」。足球是重視團隊合作更勝於個人能力的運動，受到家中長輩疼愛、集三千寵愛於一身的「小皇帝」，有相當強烈的個人主義傾向。此外也有分析指出，由於大多數家庭只有一名獨生子女，會希望孩子去讀書而不是去運動，因此才無法培養大量足球人才。

根深柢固的腐敗也是個問題。出名的足球迷習主席掌權後，就著手於足球協會改革。當時謝亞龍、南勇等中國足球協會高階幹部接二連三因腐敗被收監，還常發生收賄讓實力不足的選手出場比賽，或是被選為國家代表的醜聞。

足球崛起

中國為了培養本國足球實力提出的足球培育政策。讓大企業接收球隊，撒下等同於天文數字的巨款招募外國選手。提供成績好的外國選手超乎想像的優惠，引導其歸化。目標是提升足球實力，進入世界盃會內賽。但卻遭到指責說，這些政策反而讓中國足球選手在本國足球聯盟裡過於安逸，造成反效果。

57 中國男子為什麼這麼體貼？

「看到了嗎？中國男人們每天在廚房做菜，還親自去市場買菜！」

幾年前韓國演員秋瓷炫的中國籍丈夫于曉光，人稱「于可愛」，吸引了超高人氣。這是由於電視台播出他毫無大男人的架子，勤奮做家事，熱愛妻子的形象。有一段期間韓國網路論壇常有人開玩笑的發文：「趁還來得及，快告訴我該怎麼做才能和中國男人結婚？」

中國男人真的全部都是這樣嗎？

關於這件事，我要分享一個個人經驗。這是二十多年前的故事了。當時在北京上小學的筆者和父母一起造訪了熟識的中國教授夫婦家。按了門鈴後，綠色的鐵門後出現了穿著圍裙的教授，他表示妻子還沒下班，接著說「請在客廳稍坐一會」。看到他獨自準備食材，在廚房料理的模樣，看起來不像很少進廚房。教授的妻子大概在三十分鐘後才進家門，到家後，她泰然自若的坐在客廳和父母談天說笑。既沒去幫忙廚房家事，也沒說：「我回來了，那你出去吧！」那天平凡的一幕，受到最大衝擊的是十多年來將廚房家務視為理所當然、全權負責的筆者母親。

因此，「于曉光症候群」不是毫無根據的現象。他有極大的可能性從小耳濡目染，常吃父親做的飯，也很常見在外工作回家的母親。舉個實例說明，有個古老的中國民間歌謠〈常回家看看〉歌詞中有這句「媽媽準備了一些嘮叨，爸爸張羅了一桌好飯」。

同樣的儒教文化圈，和韓國不同的原因

在韓國上一代男人負責家庭生計，女人張羅家事，各有固定的角色。其原因是「儒教思想」。韓國儒教思想的根源是以三綱五常為首，南宋時代朱熹的理學發源於中國，然而近代統治現代中國的「共產主義思想」出現後，萬民平等的理念取代了古老的東洋哲學。

瘋狂信仰共產主義理念的代價，讓中國近代史誕生了無數悲劇。採用和市場經濟背道而馳的政策，造成大飢荒，文化退步，具有可動搖輿論力量的知識分子遭到強力打壓。然而這些巨大的副作用中，意外打造出相較於東亞國家韓國或日本，男女間、職業間平等的社會。其中落實男女平等的原因，是女性的高度職業參與率。毛澤東在一九五〇年代中期的名言「婦女能頂半邊天」，鼓勵女性參與勞動。這番言論當然不是為了提升女權，反而是當時為了確保勞動力和經濟成長，強制將大多數國民送到生產現場所採取的措施。

無論原意為何，中國女性的經濟活動參與率一度高達九〇％。中國雙薪夫妻比韓國還早就占社會的一半。就機率而言，女性高階主管、成功的女性創業家等比鄰國韓國或日本還多。實際上

根據全球投資銀行瑞士信貸集團發表的報告《CS Gender 3000》，二〇一九年中國企業的CFO中，女性主管的比例為二一％，約為全世界第六名。

中國果真男女平等嗎？

那麼我們須留意的是，中國的男女平等水準高這句話，是指和韓國、日本等東亞主要國家比較。排除比較優勢後，中國依然是以男性為中心的社會。《CS Gender 3000》報告指出，二〇一九年中國的各公司理事會中，女性主管的比例為一一％。這不僅大幅落後於美國（二四・七％）或歐洲（二九・七％），相較於前年度（一一・二％），數值反而倒退。實際上中國從一九九〇年代開始，就形成了「女性回歸家庭」的社會輿論，減少女性的經濟活動，結果導致男女平等的水準後退。

統計學證實了縱使有許多女性晉升到管理職務，但是女性員工領取的薪資低於從事相同工作的男性員工。中國的就業專門平台「BOSS直聘」發表的《二〇一九中國職場性別差異報告書》指出，若將男性的薪資視為一〇〇時，女性的薪資平均僅有七八・三。當公司有困難要解雇員工時，會優先解雇女性員工，而非男性員工，這點和其他東亞國家也無太大差異。儘管有做家事的「體貼丈夫」形象，但是中國女性一天平均家事勞動時間為一二六分鐘，反之男性僅有四十五分鐘。中國女性們表示：「雖然比韓國或日本稍微好一點，但是遠遠不足」；「從對中國男人的幻想中醒過來吧！」

中國女性的地位

中國受到共產主義思想的影響，是在東亞國家中落實男女平等的國家。女性的經濟活動參與率高，男性的家事勞動參與率也比較高。但一九九〇年代後，女性的經濟活動有逐漸遞減的趨勢，儘管曾有九〇%的女性有工作，但是二〇一八年已衰退至六一．三%。

58 中國是超人拯救地球：愛國主義電影

中國電影歷來票房第一名是二〇一七年播出的《戰狼2》。內容是「中國版藍波」在內戰頻仍的非洲成功拯救中國僑胞和當地人。二〇一九年二月上映的科幻冒險電影《流浪地球》，將中國描述為拯救世界的救世主。電影中描述在太陽即將膨脹吞噬太陽系之際，中國太空人父子指揮其他國家的專家一同拯救地球。這兩部電影都是鼓吹中國愛國主義的電影。

成功熱銷的中國電影的共同點「愛國」

近幾年來在中國票房最熱賣的電影是獲得中國政府大力支持的愛國主義電影。從二〇一七年起，三年以來中國電影年度票房冠軍都是這一類型。二〇一八年二月上映的《紅海行動》描述中國軍方在內戰中的葉門營救中國僑胞和當地人的過程。內容和《戰狼2》幾乎毫無二致。愛國主義電影的人氣秘訣是龐大的製作費和娛樂效果。以二〇一六年為基準點，中國愛國電影製作費躍升為人民幣一億七千萬至四億六千萬。這是足以和好萊塢電影製作費媲美的水準，大幅提升娛樂效果。《戰狼2》中有也讓人聯想到藍波的特種部隊隊員登場。

電影結合愛國主義的方式也變得更巧妙了。不過幾年前主流電影還是《建黨偉業》（二〇一一年）、《建國大業》（二〇〇九年）這類大咧咧的宣傳共產黨理念或中國革命歷史的電影。但近來類型拓展到反恐作戰、宇宙科幻，以精巧的手法宣傳理念。

世界不一定是由美國來拯救

最近的電影主要內容是中國拯救其他國家，最具代表性的是《戰狼2》，《流浪地球》則將中國刻畫為「拯救世界的超人」。中國人表示：「只看過美國拯救世界的故事，中國化身為英雄，實在是大快人心。」美中貿易戰愈演愈烈後，這也反映了中國想超越美國的心態。

中國之所以斥資重金打造愛國主義電影，是為了培養軟實力。所謂軟實力是一以個國家的文化或知識等為基礎的影響力，就如同在好萊塢世界，美國的影響力擴大，中國認為若能讓中國電影市場「中萊塢」（China+Hollywood）一舉成功，有助於擴大中國的影響力。中國政府對於愛國主義的電影製作例外的給予援助。《流浪地球》內出現了中國電影史上第一次北京和上海化為廢墟的場景。中國影迷們為這個場景起而歡呼。《戰狼2》在中國軍方的協助下，拍攝了海軍航艦和導彈發射的真實場景。《湄公河行動》和《紅海行動》得到中國軍警協助，軍事作戰畫面相當有真實感。當然政府給予支援，也強化了審查。從二〇一九年起，中國的電影監督業務由廣電總局移交到更高層的共產黨中央宣傳部。

中國的愛國主義電影

每當中國發生動搖民心的重大事件時，就會製作鼓吹愛國心的宣傳電影。因貿易戰爭觸發的美中衝突惡化後，推出了許多描寫迎戰惡勢力的中國英雄電影。新冠肺炎事件歷經國家性危機後，開始著手製作電影《中國醫生》，描述中國醫生們對抗新冠肺炎而壯烈犧牲的故事。在中國上映的愛國電影，近幾年來締造了佳績，拿下票房冠軍。中國以國內的成功為基礎，全力以赴製作出暢銷海外的中國宣傳電影。

59 社會主義饒舌歌手登場的理由

二〇一九年二月，主要播報政治、外交新聞的中國媒體《環球時報》反常地對中國知名饒舌歌手GAI和艾熱創作的饒舌樂做大篇幅的報導。歌名為「永不獨行」，歌詞內容有「同心協力我們肯定終將獲勝」、「共同目的更加在乎進步過程」。中國網民們毒舌批評：「在美國用饒舌樂罵總統，但中國最頂尖的饒舌歌手，居然成群結隊齊唱歌頌體制的童謠？」

為何會有「社會主義饒舌歌手」登場？

二〇一八年一月中國發布「廣播表演禁止四大指南」，限制邀請嘻哈歌手到電視台表演。由於該嘻哈禁令，Triple H、BABA這類中國知名饒舌歌手的表演被禁止，歌曲也從音樂平台網站上被下架。反觀製作讚揚體制饒舌樂的社會主義饒舌歌手得以自由地在電視台演出。中國嘻哈歌迷們批評「諷刺和抵抗的樂風嘻哈，在中國轉變為讚揚和阿諛的音樂」，並嘲諷「中國饒舌歌手們的求生欲實在太強大了」。

社會主義饒舌歌手的代表人物當然是GAI。他在微博有六百萬名粉絲追隨，二〇一七年時他以「早看破紅塵也不與世人周旋，坐禪或修行不枉此生虛度」這類虛無主義的饒舌樂出名。但是他在二〇一八年一月被貼上劣跡藝人的標籤後，便迅速轉型為體制宣傳路線。他在同年五月發表的《萬里長城》中高唱「錚錚鐵骨顯我中華血脈」。其他中國嘻哈歌手也有發表讚揚中國饒舌樂的趨勢。二〇一八年三月新疆維吾爾族饒舌歌手艾熱在〈我到新疆去〉這首歌中歌頌「新疆，沒有任何民族區分只有愛在激盪」。

有個能徹底展現什麼是中國社會主義嘻哈的事件。二〇一七年十二月央視網播出的嘻哈競賽節目中，一名饒舌歌手在評審們的要求下，即席用「祖國萬歲」唱出饒舌樂。評審們還建議「將該如何實現中國夢寫成饒舌樂歌詞」。中國的入口網站百度的留言板上有貼文說「就像在封建時代向皇帝高喊萬歲的百姓」；「嘻哈在中國失去了本質」。此外韓國的偶像在中國也避不開這股時代潮流。韓國當紅偶像團體GOT7的香港籍成員Jackson在二〇一九年一月發表的〈中國紅RED〉饒舌樂中，唱出「堅守著中國精神一路走來持續火爆」，「中國人流著中國血」。受到矚目的是，這和在韓國發表的歌曲具有截然不同的曲風。

中國控制饒舌樂的原因

中國擔心帶有挑釁訊息的嘻哈蔚為風潮後，會難以控制社會。二〇一七年嘻哈競賽節目《中國有嘻哈》吸引了旋風式的人氣，出現了嘻哈流行的徵兆。媒體監督機構在節目播放完畢三個月，表示「排斥嘻哈、刺青、虛無主義」，並限制嘻哈歌手上節目。

中國除了紅色饒舌樂外，還被允許的就是批評美國的饒舌樂，不管歌詞多具挑釁含義都無所謂。二〇一八年中國網路上的一名美國留學生的嘻哈曲有著超高點閱數。歌詞內有許多粗話，但影片卻未遭刪除。中國媒體甚至還稱讚是創新且厲害的歌曲。

社會主義饒舌歌手

意指唱讚揚中國饒舌樂的歌手。中國於二〇一八年一月限制饒舌歌手在電視節目表演後，部分饒舌歌手為了討政府歡心，開始撰寫社會主義內容的饒舌樂。社會主義饒舌歌手們唱讚揚體制的饒舌樂，能較自由的上節目表演。

60 一夕之間消失的中國吃播

二〇二〇年八月，「吃播」突然在中國消失。吃飯直播在中國稱為「吃播」，從二〇一六年起便吸引了旋風式的人氣，不過卻在一夕之間從網路上銷聲匿跡。在抖音上查詢「大胃王」時，不僅不會出現影片，還會跳出「珍惜糧食，拒絕浪費」的文句。中國國營電視台央視網在新聞中大肆批評吃播，「吃播是倡導暴飲暴食、浪費食物的不良飲食習慣。」

習近平的一句話展開的吃播禁止令

國家主席習近平二〇二〇年八月十一日在演說中說「浪費可恥、節約為榮」，「中國全區域餐飲浪費現象，怵目驚心」。這是在中國餐飲業因新冠肺炎處於不景氣的情況下，突如其來的發言。但在中國習主席的發言是不能違逆的絕對基準。習主席聲明後，中國的影片共享ＡＰＰ抖音和快手等吃播影片被審查。在吃播中嚴重浪費食物，或是食用量過多時，影片會遭到刪除，或帳號被停權。也禁止被稱為「吃吐」的「吃下大量食物偷偷嘔吐或吐出的行為」。結果導致八月底約有一萬三千六百個吃播帳號被刪除。

中國全區的餐廳展開盛大的「光盤運動」，標榜將菜餚吃光。部分餐廳推出「N減1運動」展現出高度的忠誠。也就是若有三位客人來餐廳用餐，只點兩人份的餐點。也有餐廳量秤客人體重後，販賣建議量的餐點。甚至有餐廳將客人吃剩的菜秤重後罰款。一夕之間中國各地發生了在韓國難以想像的事件。

出於八十年來最大洪水發生的事件

中國為什麼突然對暴食變得敏感？二〇二〇年六月起，為時超過兩個月，中國全區由於強大的洪水，發生糧食不足危機的可能性上升。中國南部地區大多數的農耕地都淹水，造成穀物生產大幅銳減，畜產農家損失慘重。

此次的洪水是一九九八年以來最嚴重的大洪水。根據中國國務院的資料，此次洪水造成了六千三百四十六萬名災民，有數百人死亡。位於中國的世界最大水力發電水庫三峽的水位上漲，情況嚴重到有崩堤論之說。三峽水庫是精密設計的設施，適合常有洪水肆虐的中國，這次洪水並沒有倒塌，問題是洪水餘波下急速飆漲的中國食糧價格。二〇二〇年七月中國的玉米、豬肉價格約比前年上漲了五分之一。雪上加霜的是農產品進口也愈來愈艱難。由於新冠肺炎事件，農產品產量銳減，世界各國紛紛限制出口。中國國內消費的糧食，約有二〇%至三〇%仰賴進口，進口量縮減後，對於糧食供應造成了重大打擊。

吃播禁止措施果真有效嗎？

在中國本來就有嚴重的過食文化，食物的分量會準備得比需要的更多。若能改善此陋習，能對糧食供應產生一定的效果。中國社會科學研究院的統計指出，中國人每個人一餐平均會剩餘九十三克食物。以二〇一五年為基準，中國浪費的食物多達一千八百萬噸，是最多可供五千萬人在一年內食用的分量。

像中國這種政府有強大力量的國家，「食物節約運動」成功的可能性很高。即使國民怨聲載道，政府也能毫不在意的打壓控制。山東省政府甚至下令只能在自助式餐廳內進行公務招待。原因是自助式餐廳每種都會少吃一點，不會留下剩菜。但是在中國吃播規定和不剩菜運動無法永遠持續下去，在中國有「民以食為天」這句古諺，足見有多麼重視飲食。若是度過中國的糧食危機，吃播和過食文化勢必又會再次抬頭。

中國的大洪水

中國北方的黃河和南方的長江，國民們以兩條河流為中心群聚而居，只要到了梅雨季洪水肆虐，便損失慘重。每隔幾年就會發生一次大氾濫，造成民心惶惶，統治者花費了許多心思治水。尤其是今日的長江流域約有中國全人口的五分之一群聚，主要產業基地密集，政府籌備了建設三峽水庫等大規模洪水預防措施。中國水旱災害公報指出，中國歷代最嚴重的洪水，是在中國全區連鎖發生的「一九三一年大洪水」，造成四百萬人死亡，六千萬人以上災民。

61 「動物森友會」，在中國不能玩

若要票選出二〇二〇年上半年度最受歡迎的一款遊戲，那當然非日本任天堂的「集合啦！動物森友會」莫屬。只是平和的裝飾無人島，拜訪朋友的島嶼交流，就成為疫情時代的「療癒工具」，獲得超高人氣。遊戲內登場的小狗「K. K.」的創作曲〈吶比波北島嗚〉（音譯）在網路上瘋傳，記錄了數千萬次的點閱數。美國的研究公司SuperData指出，二〇二〇年三月新冠肺炎席捲全世界之際，短短一個月動物森友會遊戲就被下載了五百萬次以上。這是全球正式發售十二天內締造的紀錄。

「動物森友會」在中國也吸引了旋風式人氣。新冠肺炎事件發生後，位於中國的任天堂家用遊戲機「Switch」生產工廠停工，遊戲機變得奇貨可居。還出現了「島外人」（島以外的人）這

個新詞彙，意指「買不到任天堂Switch，不能玩動物森友會遊戲」。實際上Switch至今為止都無法在中國正式銷售。二〇一九年十二月騰訊負責在中國內銷售，產品上市三年才得以進入中國市場。但是等到動物森友會蔚為流行後，看似能在中國市場穩定下來，然而任天堂的命運並不順遂。在中國上市後不到一個月，中國主要線上購物網上銷售的遊戲實體卡全部被下架。

動物森友會為什麼突然消失了？

問題始於香港玩家透過該遊戲傳送反中示威訊息。香港從二〇一九年六月起對於侵害香港自治權的中國政府接連展開示威。實際示威餘波看似有擴散到遊戲的徵兆，於是中國當局出面制止遊戲流通。

動物森友會遊戲內，透過親自製作道具的功能，可將代表島嶼的旗幟或鋪設在房子內的地毯圖案設計成自己想要的模樣。香港示威者製作了寫上「光

資料來源：黃之鋒的推特

利用「動物森友會」傳達反中訊息的香港示威者

復香港，時代革命」等反中示威言論的道具，去別人的無人島旅行丟擲道具，或邀請別人到自己的島嶼展示標語，將遊戲當作反中訊息的宣傳窗口。香港民主化運動人士黃之鋒在遊戲內島嶼寫下「Free Hong Kong」（解放香港）和類似的示威標語。在自己的推特上評價說：「動物森友會是沒有政治審查的地方，適合延續我們的戰鬥。」不僅如此。部分有反中傾向的玩家在自己的島嶼懸掛寫上「武漢肺炎」的旗幟，還建造了習近平主席和世界衛生組織秘書長譚德塞（Tedros Adhanom Ghebreyesus）的靈堂，主張他們是導致新冠肺炎疫情的禍首。

出面擴大審查遊戲的中國

遊戲是至今為止中國政府最關注的線上服務之一。每當國內外的不特定多數人在線上遊戲舉辦見面會時，就不容易控管人們聊了什麼話題。因此中國在二〇一九年引進保護未成年人的強大的「中國版Shut down制」，二〇二〇年甚至推動了將中國玩家使用的伺服器和海外分離的管理法。中國審查遊戲的方式整理如下：

1. **禁止中國玩家和海外玩家聊天**
2. **遊戲內封鎖政治性敏感單字**
3. **以實名認證制度掌握使用者身分**

4. **縮短未成年人遊戲使用時間**

5. **中國遊戲伺服器和海外伺服器分離(推動中)**

動物森友會熱門時，中國政府強化對遊戲的審查。中國的遊戲玩家無法和中國外的世界玩家線上聊天，只能在中國專用伺服器內玩遊戲。購買和下載遊戲時，也要通過實名認證制，預計也會規範遊戲內人物裝扮或組成假想團體（公會）。舉例來說，韓國人氣遊戲「絕地求生」，現今從世界各國連線的玩家們可以在線上相遇一起玩遊戲。但該法案通過後，有可能再也無法在線上遇到中國玩家了。

62 我追蹤的帳號是政府創建的？

二〇二〇年三月，美國總統唐納・川普捍衛台灣，簽訂了《台北法》。法案內容是協助台灣的國際活動，欺侮台灣的國家會由美國出面嚴懲。但是才剛簽訂沒多久，擁有八百萬追蹤人數的微博帳號「俠客島」譴責「台北法是一紙空文」，「台灣的國際活動全部取決於中國」，猶如中國政府的發言人。俠客島的真面目是什麼呢？

喜歡才追蹤，沒想到竟然是「政府帳號」

深入了解後才發現，其實俠客島並非個人帳號，而是由中國共產黨直接經營的媒體《人民日報》所管理的帳號。用戶因為覺得有趣才訂閱的YouTube頻道，愛上有格調的推文才追蹤的推特，由於照片漂亮才按「讚」的Instagram……可是若進一步了解，發現這所有帳號都是政府創建的，那麼，用戶是否也不知不覺被政府的宣傳文章洗腦了？這個事實令人不寒而慄，不過卻是中國實際上發生的事。

中國政府的社交媒體掌握中國網路空間的內容。《人民日報》在二〇一六年創建了「壹本政經」（政治）、「大江東」（理財）、「麻辣財經」（經濟）等四十五個社交媒體帳號。這些帳號的訂閱人數合計後高達一億五千五百萬人。中國解放軍的微博帳號「軍報記者」（軍事）有一千九百五十五萬名，總管司法、公安（警察）組織的中央政法委微信帳號「長安劍」（政治）的訂閱人數有六百萬名。重要的是中國網民難以得知這些帳號的主人。多年來擁有大批忠誠訂閱讀者的「長安劍」，在二〇一八年十一月將帳號名稱更改為「中央政法委長安劍」後，網民們才了解其真面目。

中國政府營運的SNS訂閱者擴大策略

・演出輕鬆有趣的概念
・獨家公開政府消息等
・動員公務員們貼文

中國的黨和政府機關的社交媒體成功策略分為三階段。第一階段是搞笑或「很潮」。取好笑的帳戶名稱，甚至創造了象徵帳號的人物。為了這些作業，當然動員了頂級專家。香港媒體《南華早報》表示：「中國挑選有品味的年輕人，花了幾個月培訓後，投入營運各個帳號」。第二階段，發布獨家資訊，提升訂閱人數。在社交媒體上刊登只有政府才知道的秘密，當然會得到關注。一般來說，曝光高階人士的不當行徑，訂閱者就會立刻大幅飆升。「長安劍」獨家公開收容中國重量級人物的燕城監獄照片，快速公開落馬的政治家名單，網名取為「隱遁政治高手」以吸引人氣。第三階段，動員了貼文工讀生炒熱氣氛。中國政府經營的社交媒體，投入了公務員貼文部隊。人員約有二百萬名，一年貼文數高達四億四千八百萬則。貼文部隊被稱為「五毛黨」。五毛黨是一九九〇年代中國的貼文部隊，被爆出每一則領人民幣五毛的事實後產生的綽號。

中國政府下足工夫經營社交媒體，是由於這是有效控制輿論的方法。中國每當遭逢經濟不景氣和對政治的不滿擴大時，會積極運用社交媒體抑止社會的憤怒。國家主席習近平在二〇一八年曾親口說：「利用微信、微博、網路廣播等提升共產黨的輿論占有率」，也是基於這個原因。

進軍海外的中國社交媒體部隊

在韓國也能見到中國的政府帳號或留言部隊嗎？並非完全不可能。中國社交媒體部隊的海外活動從幾年前早已正式化。契機是二〇一七年中國的不動產財閥郭文貴逃亡到美國。他從海外接連公開中國領導者的黑暗內幕後，中國的貼文部隊便開始在網路上張貼批評他的英文文章。二〇一九年香港反中示威時中國社交媒體部隊的活動變得更明顯。他們大量生產主張香港示威群眾是「暴徒」的英文推特和臉書文章。推特和臉書在忍無可忍之下，隨即將二十萬個中國相關帳戶停權。

這樣的中國社交媒體部隊，在二〇二〇年十一月美國大選時預計也有介入的可能性。就如同二〇一六年美國大選使用俄國社交媒體造成政治性影響，中國為了支持喜愛的候選人，也可能會展開行動：散播假新聞，造成社會衝突，操作輿論，導致社會混亂。美國議會已向推特及臉書要求控制中國帳號的活動。

五毛黨

在網路上操控輿論的中國貼文網路評論員。他們從一九九〇年代起開始活動，發一則貼文可獲得「五毛」人民幣的報酬，因而被稱為「五毛黨」。近來不僅貼文，也將文章張貼在推特、臉書，以全世界為對象形成有利於中國的輿論。推特在二〇二〇年刪除了十七萬四千多個和中國政府連結的假推特帳號。

後記　走出來

新聞記者擅長快速遺忘過去的事。目的是要將複雜的腦袋清空，才裝得下明天的想法。這是每天接觸新主題、寫相關文章者的宿命，也是一種職業病。我原以為完成本書原稿作業後也會這樣。這段期間不斷對中國進行調查，撰寫文章到厭煩的地步，我下定決心短期間連中國的「中」字都不要想起。

但是中國這個主題在截稿後，卻在我心中揮之不去。每天幾乎都會發生和中國有關的大新聞，因此我沒空收回我的關注。最有趣也最難過的議題是「防彈少年團」被中國輿論批判的事件。防彈少年團是走出韓國，成為世界級歌手的團體，在二〇二〇年十月七日領取美國韓美親善非營利團體頒發的詹姆斯・A・范佛里特（James A. Van Fleet）獎時事件發生。當天在線上進行頒獎儀式，由防彈少年團隊長RM（Rap Monster）發表感言：「因為今年是朝鮮戰爭（六・二五戰爭，即韓戰）爆發七十週年。我們會永遠銘記兩國（韓國和美國）共同經歷的苦難歷史。」但是這平凡無奇的老套發言，卻令中國人勃然大怒。有愛國主義傾向的中國網民主張：「防彈少年團忽視了在朝鮮戰爭立下重大功勞的中國軍，扭曲歷史，踐踏了中國的自尊心。」中國各地甚至發起了防彈少年團的拒買運動。三星電子、現代汽車、斐勒等代表韓國的企業處境也變得難堪，因而暫時撤除防彈少年團代言的國內廣告。然而就韓國人的立場來說，這未免也太荒謬了。韓國和美國一同在韓戰經歷苦難，這句話哪裡有問題？這番言論，究竟是哪個部分惹惱了中國？

這個事件是由於中國人對韓戰和韓國人有不同的見解才爆發。中國歷史教科書內，韓戰是「抗美援朝」（對抗美國幫助北韓），完全沒提及是由於北韓侵略引發戰爭的事實。中國人認為韓戰的英雄是中國，美國是反派，且對此深信不疑。因此當防彈少年團提到韓戰，吹捧「反派美國」，卻對「英雄中國」未提及隻字片語，他們對於這個事實相當憤怒。就韓國的立場，甚至是中國以外的其他國家而言，都是令人難以接受的歷史認知和思考方式。

這樣一來，美國和中國的衝突日益加劇。二〇二〇年十月十七日，中國全國人民代表大會常務委員會通過了《輸出管理法》這條新法案。內容是阻止中國核心技術輸出，並對侵害中國利益的國家或企業追究責任。這是針對美國的報復措施。二〇二〇年以來，美國對中國企業施展了史無前例的攻擊。為了讓中國企業華為、騰訊（微信）、字節跳動（抖音）等退出本國市場，連番推出各種規定。中國對這些行為相當惱怒，出動了法律措施向美國施壓。韓國被夾在中間，對於同盟美國和最大交易國中國兩者當中該選哪邊站，抱持著戰戰兢兢的態度。

我在截稿後才領悟到，中國和我們有多靠近。即使不想在意中國，然而中國卻不斷闖入我們的視野，無論如何都要擠進我們的生活，不管以任何形式都會造成影響。攻擊我喜愛的歌手，突然有一天改變了我使用商品的顏色或功能，擴大或縮小特定產業的就業大門，還能左右我隸屬公司的業績。中國的一舉一動，對於韓國的命運也是一大變數。那麼我們對中國的知識，只能變成非了解不可的「常識」。希望常問「中國為什麼這樣？」的讀者們，能在本書找到足以解開疑惑的答案。

參考文獻

第一章　經濟——中國要成為世界經濟中心！

01・**沈迷於無人技術的中國**

- 〈一天送出20萬份宅配的倉庫，居然一個人都沒有〉，《朝鮮日報》，2018.12.18.
- 〈中「廚師機器人」進化…「引領無人經濟」〉，《機器人新聞》，2019.01.15.

02・**美國站住！我們也有機器人計程車**

- 〈新冠肺炎衝擊的自駕車版圖…美急停車，中急加速〉，《朝鮮日報》，2020.05.20.
- "Chinese ride-hailing giant Didi Chuxing launches pilot self-driving robotaxi service in Shanghai",《SCMP》, 2020.06.29.
- "We tried out a self-driving robotaxi in China-it was a very 'considerate' ride",《SCMP》, 2019.12.08.
- 〈一鍵呼叫免費搭乘，「無人出租車」的體驗是這樣的〉，《北京日報》，2020.08.22.

03・**便宜到不行的中國**5G

- 5G套餐價格鬆動了！最低89元每月，你會辦理嗎？〉，《中國經濟網》，2020.06.05.
- 〈5G手機17萬韓元？中國，中低價領先掌握主導權〉，《朝鮮日報》，2020.04.27.
- 科學技術情報通訊部，「（2020年4月底基準）無線通訊服務加入線路統計〉，2020.06.01.

04・**移動十公分也能掌控的中國**GPS

- 〈中國版GPS「北斗」正式開通…習近平宣布〉，《聯合新聞》，2020.07.31.
- 〈完成中衛星航法「北斗」，連朝鮮半島也瞭若指掌〉，《週刊東亞》，2020.07.16.
- 〈北斗導航：安全穩定高精度〉，《人民日報》，2020.08.08.
- 〈中國北斗全球夢圓——寫在北斗三號全球衛星導航系統全面建成之際〉，《新華社》，2020.07.31.

05・**月亮背面並沒有兔子**

- 〈中宇宙崛起正式化…美宇宙軍迎戰〉，《經濟朝鮮》，2020.02.17.
- "'New Chapter' in Space Exploration as China Reaches Far Side of the Moon",《NYT》, 2019.01.02.
- 〈國家航天局：嫦娥四號探測器在月球背面工作21個月晝取得多項原創性成果〉，《央廣網》，2020.09.09.
- 〈月球背面，65億公里外小行星上…令人激動的『和未知的相遇』〉，《朝鮮BIZ》，2019.01.04.

06・**聽起來像「十億」的購物饗宴**

- 〈線上購物動向調查〉，統計廳
- 〈中消費爆發…購物活動中阿里巴巴、京東交易額共165兆元〉，《Newsis》，2020.06.19.
- 〈每秒54萬件訂單，伺服器也正常…不是購物的「科技慶典」〉，《朝鮮日報》，2019.11.14.
- 〈雙11完成「交棒」，阿里巴巴CEO也有時間「剁手」〉，《新京報》，2019.11.15.
- 〈只憑「后」這個品牌，就衝到721億的中光棍節…韓保養品超火爆行列〉，《亞洲經濟》，2019.11.12.

07・**馬雲不是中國首富？**

- 〈超越馬雲，中最頂尖富豪騰訊會長，因新冠肺炎財產增加10兆〉，《朝鮮日報》，2020.04.27.
- 吳曉波，《騰訊升起》，元美慶譯，初次BOOKS，2019.

08・**中國的「愛錢」**

- 〈中國男性求婚為何愈來愈奢侈〉，《中國甘肅網》，2016.06.06.
- 〈《新時代公民道德建設實施綱要》印發：切實解決拜金主義等問題〉，《新京報》，2019.10.27.
- "The Richest in 2020", Forbes, (www.forbes.com/billionaires), 2020.03.18.

09・**美金時代結束了？建立數位貨幣王國的中國**

- 〈數字貨幣5月到帳，使用前你還要知道這些知識〉，《環球網》，2020.04.28.
- 〈數字貨幣呼之欲出，聽服貿會上權威人士告訴你真相〉，《環球網》，2020.09.06

- 〈支票走開，中國引起的「數位貨幣」戰爭〉，《朝鮮日報》，2020.04.22.
- "Facebook's Libra 2.0 Why you might like it even if we can't trust Facebook",《Brookings》, 2020.06.22.

10・**為什麼中國老人有錢卻用不了？無現金社會**

- 〈「不收現金「」…中國老人們因手機付款遭殃〉，《朝鮮日報》，2019.04.29.
- 〈在中國用現金被當作外星人〉，《News1》，2018.09.27.
- 〈「不收現金」：變相的社會排斥損傷權利與尊嚴〉，《東方網》，2019.11.19.
- 〈出租車、超市不收現金惹怒老人 網友：他們像被時代拋棄了〉，《中國商報》，2018.09.27.

11・**我們也有那斯達克**

- 〈培養下一代華為，中國版那斯達克「科創板』疾風〉，《朝鮮日報》，2019.07.23.
- 〈芯願景打響國產EDA付科創板上市第一槍　所處行業仍需半導體產業鏈支持〉，《財聯社》，2020.05.11.
- 上海證券交易所，股票數據總貌（www.sse.com.cn/market/stockdata/statistic）

12・**對中國錢說不的國家**

- 〈對新冠肺炎厭倦的西方國家，對中國錢也厭倦〉，《朝鮮日報》，2020.04.23.
- 〈EU貿易長官們，約定保護掠奪性收購歐洲企業〉，《聯合新聞》，2020.04.17.

13・**中國版星巴克為何會隕落？**

- 〈連成本都賺不到的咖啡…「中國版星巴克」為何會沒落〉，《朝鮮日報》，2020.04.09.
- "Shares of China's Luckin Coffee plummet 80% after investigation finds COO fabricated sales",《CNBC》, 2020.04.02.
- "Painful lessons from the Luckin Coffe scandal",《Financial Times》, 2020.04.09.
- 〈瑞幸爆雷，影響的將是包括拼多多、蔚來等諸多虧損燒錢的企業〉，《新浪財經》，2020.04.03.

14・**從獨角獸企業變成都市垃圾的黃色自行車**

- 〈掉了輪胎的共享自行車：「ofo小黃車」〉，《朝鮮日報》，2018.12.19.
- 〈留下數千億債務消失的ofo，共享經濟的悲劇〉，《朝鮮日報》，2020.07.30.
- "Troubled bike-sharing company ofo is now a shopping app",《SCMP》，

2020.02.05.

第二章　政治——一個中國的大國歷史

15・西藏足球隊為什麼被解散？

- 〈「獨立示威神經質」中國，解散藏區足球隊〉，《朝鮮日報》，2020.06.09.
- 〈拉薩城投足球俱樂部退出中國足球職業聯賽〉，《新華網》，2020.06.15.
- 〈中乙拉薩城投正式解散, 高海拔主場難題無解〉，《中國青年報》，2020.06.09.
- 安政愛（音譯），《中國史Digest 100》，伽藍企畫，2012.

16・聽說香港人老愛移民到台灣

- 〈「我沒說過這種話」連黃之鋒也自保。香港保安法〉，《朝鮮日報》，2020.07.05.
- 〈英領事館前職員1號逃亡…現實化的香港「退出香港（HK-exit Hong Kong+Exit）」〉，《朝鮮日報》，2020.07.03.
- 〈高喊香港獨立，最高處以無期徒刑…連觀光客都處罰〉，《朝鮮日報》，2020.07.02.
- 〈香港國安法動漫解讀〉，《環球時報》，2020.08.13.
- 〈港版國安法共66條例　全文內容曝光〉，《新頭殼》，2020.07.01.
- 〈「港版國安法」四要點曝光！嚴防分裂國家, 恐怖活動等〉，《hk01》，2020.05.21.

17・中國為什麼討厭周子瑜？

- “Taiwan election: How a penitent pop star may have helped Tsai win”, 《BBC》, 2016.01.18.
- 〈了解「子瑜的國家」台灣的8大核心關鍵字〉，《朝鮮民族日報》，2016.01.22.
- 〈子瑜故鄉人們的憤怒〉，《朝鮮日報》， 2016.01.19.
- 「一國兩制」，〈了解中國現代的關鍵字100〉，NAVER知識百科查詢。

18・中國藝人的基本美德是「愛國」

- 〈「抵制三星電子廣告」…演藝人員們支持中國政府的理由〉，《首爾新聞》，2019.08.15.
- 〈凌晨兩點楊冪宣布解約！范思哲的中國之路好走嗎？〉，《新京報》，2019.08.11.

- "Stars, luxury brands and China's perilous patriotic tightrope",《SCMP》, 2019.09.03.

19・中國高層躲避新冠肺炎為什麼要上山？

- 〈中國指導部的新冠肺炎避難處是山頂？〉，《朝鮮日報》，2020.04.23.
- 〈中南海守不住了？中共高層躲「第2波疫情」動線曝光〉，《三立新聞》, 2020.06.17.
- 〈中國指導部專用核戰碉堡，地下2km洞穴內…備有100萬人食用水〉，《聯合新聞》，2018.01.07.

20・因李孝利的「MAO怎麼樣？」一句話而憤怒的中國

- 〈李孝利，提到藝名「MAO」，中網民「污辱毛澤東」批評蜂擁而至→刪除〉，《NEWS 1》, 2020.08.24.
- 〈目前中國有「習近平偶像化」 潮流…「聯想到毛澤東時代」〉，《首爾經濟》，2018.05.14.
- 金常文、李長奎、徐英淑、金美玉（音譯），《毛澤東活著是皇帝，死後是神》，IK，2020

21・習近平為什麼要栽培胡錦濤的兒子？

- 〈兩會前中共官場七零後現象〉，《亞洲週刊》，2020.05.11.
- 〈國二代大部分都沒落了…然而中政壇受到矚目的胡錦濤兒子〉，《朝鮮日報》，2018.07.04.

22・中國最忙碌的月份，三月和十月

- 中國人民代表大會網站（www.npc.gov.cn）
- 中國政治協商會議全國委員會網站（www.cppcc.gov.cn）
- 中國政府網（www.gov.cn）
- 〈下個月8號第18屆中國共產黨大會〉，《中央日報》，2012.10.11.
- 〈中國政治的殿堂，人民大會堂〉，《中央日報》，2014.06.09.

23・主席大人為什麼不管白頭髮？

- 趙英南（音譯），《中國的菁英政治：從毛澤東到習近平》，民音社，2020.
- 金勝範（音譯），《權威菁英中國政治的力量：從第一代毛澤東到第五代習近平指導部》，Maroniebooks，2014.
- 〈習近平打破「黑髮政治」傳統〉，《朝鮮日報》，2019.03.09.

- “With Streaks of Gray Hair, Xi Jinping of China Breaks With Tradition”,《NYT》, 2019.03.07.

24・中國學生為什麼拿鋤頭代替拿鉛筆：文化大革命

- 〈中學生看不懂漢字……北京大學校長「羞愧」〉，《朝鮮日報》，2018.05.07.
- Frank Dikötter，《文化大革命：中國人民的歷史1962～1976》，高奇拓翻譯，開放書籍，2017.

25・禁忌數字「六四」：天安門事件

- 〈18萬名香港市民拿著蠟燭聚集追悼「天安門示威30週年」〉，《聯合新聞》，2019.06.05.
- 〈中國人不太清楚第二次「天安門事件」…〉，《朝鮮日報》，2015.06.06.
- Sarotte, M.E. “China’s Fear of Contagion: Tiananmen Square and the Power of the European Example”,《International Security》, 37, no. 2, 156-82, 2020.

第三章　外交——震撼世界的中國外交戰

26・中美之間的「領事館戰爭」

- 〈休士頓中總領事館，因關閉令燃燒秘密文件〉，《朝鮮日報》，2020.07.23.
- “US-China relations: Mike Pompeo’s China adviser has name chiselled off school monument”,《SCMP》, 2020.07.29.
- “Pompeo urges more assertive approach to ‘Frankenstein’ China”,《REUTERS》, 2020.07.24.

27・老一輩為什麼總把中國說成「中共」？

- 〈中美兩大巨頭的新冷戰……美白宮，叫中國「中共」〉，《朝鮮日報》，2020.05.28.
- 〈川普政府的「對中國戰略報告書」全文翻譯與分析〉，《Pennmark》，2020.07.07.
- 李昌原（音譯），〈中國的公共外交：背景、目標、策略〉，〈東西研究〉，23(2)，2011，97～121頁。

28・比華為「後門疑雲」更重要的事實

- 〈美打壓了六個月……華為依舊「我行我素（my way）」〉，《朝鮮日報》，2019.11.14.

- 〈川普，華為『黑名單』延長1年…持續打壓中國〉，《朝鮮日報》，2020.05.14.
- 〈美制裁D-1…華為，在台灣包機起飛的半導體囤貨〉，《朝鮮日報》，2020.09.14.
- 〈華為賣給員工們的「收益率50%股票」，到底是什麼？〉，《朝鮮日報》，2020.09.08.

29・**夾在中美之間兩難的**TikTok

- 〈美國對中15秒「抖音」驚嚇〉，《朝鮮日報》，2019.11.12.
- 〈「抖音」字節跳動，想要將中國IT「天下統一」〉，《朝鮮日報》，2020.06.24.
- "Exclusive: China would rather see TikTok U.S. close than a forced sale", Reuters, 2020.09.12.
- "Trump says he has approved a deal for purchase of TikTok", CNN Business, 2020.09.21.
- "Will TikTok survive？", 《Economist》, 2020.09.19.

30・**有完沒完啊？中國的薩德報復**

- 〈「韓國是習近平優先訪問國」…韓中關係正常化亮綠燈〉,《Newsis》, 2020.08.22.
- "Why is China so upset about THAAD？", KEI, 2016.09.01.
- 朱載宇（音譯），《用真相看懂的美中朝鮮半島策略朝核、薩德報復，以及美中戰爭劇本》，紙和樹，2018.

31・**告別韓國，歡迎日本：遊戲規則**

- 〈和日馬力歐攜手的中騰訊…韓國遊戲被排擠〉，《朝鮮日報》，2019.11.18.
- 〈中進軍第3年被封鎖…遊戲隻字未提就回來了〉，《朝鮮日報》，2019.12.25.
- 〈習近平的遊戲控制…中國市場，Game Over？〉，《朝鮮日報》，2019.09.03.

32・**東北工程：中國文版維基百科為什麼說金妍兒是朝鮮族？**

- 崔光錫（音譯），〈「東北工程」的背景和內容以及對應方案——以高句麗史研究動向和問題文中心〉，《韓國高句麗古代史研究》，33，2004，5～21頁.
- 〈世宗大王是朝鮮族？在Google上用中文查詢『朝鮮民族』〉，《朝鮮日報》，2020.05.19.
- 「中國為何引發東北工程」，〈SERICEO——古代史隱藏的故事〉，NAVER知識百科查詢。

33・**韓戰怎麼成了偉大的「抗美援朝」？**

- 〈「和美國對戰獲勝的戰爭」…中，頒發70週年獎牌給朝鮮戰爭參戰者〉，《朝鮮BIS》，2020.07.03.
- 〈中國的參戰是「對抗美國，支援北韓的戰爭」〉，《聯合新聞》，2020.06.25.
- 大衛・哈伯斯塔姆，《最寒冷的冬天：美國人眼中的朝鮮戰爭》，台海出版社，2017.

34・**中國為何讓北韓得以喘息？**

- 李伐贊，《北韓中國資金連結》，書籍的庭園，2020.
- "Kim Jong Un's dependence on China grows as virus hits economy",《FT》, 2020.09.09.
- 李耀攝，〈2019年北韓——中國貿易動向和啟示〉，「KITA南北經協報告」，2020.

35・**因為一帶一路而賺錢的中國**

- Venkateswaran Lokanathan, "China's Belt and Road Initiative: Implications in Africa," ORF Issue Brief No. 395, 2020.
- "China Can Buy Influence, but It Can't Buy Love",《FP》, 2020.07.20.
- 〈「算了，借的錢不還了」中為何遭受世界各國這樣對待〉，《中央日報》，2020.08.08.
- "'Only A Drunkard Would Accept These Terms', Tanzania President Rejects China's $10 bln Loan",《HWnews》, 2020.04.25.

36・**中國軍人和印度軍人不用槍而用拳頭打架的原因**

- "At a Crossroads? China-India Nuclear Relations After the Border Clash",《Carnegie Endowment for International Peace》, 2020.08.19.
- 〈核強國中、印度，打架時用石頭，拳頭…軍 600名鬧劇〉，《朝鮮日報》，2020.06.18.
- 〈中繼格鬥機部隊後投入蜘蛛挖土機…永無休止的中印國境鬧劇〉，《朝鮮日報》，2020.07.09.
- "Indian Frustration With China Grows",《The Diplomat》, 2020.08.12.

37・**中國軍人為何在沙灘上種蔬菜？**

- 「南沙群島紛爭」，〈斗山百科〉，NAVER知識百科查詢

- 〈在這個時刻又發生南海糾紛…對新冠肺炎也舉雙手投降的中70年野心〉，《中央日報》，2020.05.05.
- 〈美中南海「棋逢對手」…中一發射飛彈，美就派出偵查機〉，《朝鮮日報》，2020.08.27.
- 〈南海「蔬菜糾紛」〉，《朝鮮日報》，2020.05.30.

第四章　社會——我們不知道的中國真實面貌

38・**不任用〇〇出身**

- 〈杭州中院二審宣判「河南女孩應聘遭拒案」〉，《人民法院報》，2020.05.19.
- 〈河南人被妖魔化的十年之痛〉，《南方週末》，2008.03.20.
- 張合林、何春，〈河南省經濟發展影響因素分析〉，《長江大學學報》，2012.
- 〈「不錄取河南省人」…中國根深柢固的地區歧視〉，《SBS》，2020.05.19.

39・**小二十歲的弟弟，在中國很常見**

- 「二孩政策」，百度百科
- 「計畫生育」，百度百科
- 〈中國的生育限制政策〉，《運動傾向》，2020.03.04.
- 〈中國家庭變遷三十年：小皇帝、農村婦女、老人〉，《界面》，2017.03.16.

40・**鄉下小夥子為了買iPhone而賣腎？**

- 〈「中國人6億人月收入不到17萬韓元…連房租都付不起」李克強吐露〉，《Newsis》，2020.05.29.
- 〈23歲小夥賣腎經歷：一個腎4.5萬，術後刀口淌血回家〉，《新京報》，2020.05.08.
- 〈團夥摘除23名供體腎臟販賣腎臟　以海鮮名義空運〉，《新京報》，2014.08.10

41・**好奇紅色滋味的零零後**

- “China’s ‘post-millennial’ generation is different. Here’s how”, 《SCMP》, 2018.08.17.
- Tencent CDC，「進取的00後——2019騰訊00後研究報告〉，騰訊用戶研究與體驗設計部，2018.
- 〈馬雲也舉雙手投降，被獨善的中華思想影響的中國10代們〉，《朝鮮日報》，2020.05.09.

• 〈政府「審查」國民「轟炸」…中國的「SNS愛國」〉，《Money Today》，2020.09.06.

42．**中國最在乎的數字是？**

• 韓載憲（音譯），《輕鬆學習的中國經濟》，朴英社，2020.
• 全炳書（音譯），《中國的大轉換，韓國的大機會，中國經濟專家全炳書的新國富論，在那之後》，真石，2015.
• 〈新冠肺炎（COVID-19）衝擊下中國第一季成長率 -6.8%…「史上最低」〉，《聯合新聞》，2020.04.17.
• 〈中去年經濟成長率 6.1%…寫下29年來最低紀錄〉，《朝鮮日報》，2020.01.18.

43．**武漢英雄是否注定成為國民叛徒？**

• 〈「缺席」官方抗疫表彰大會網友不滿〉，《BBC中文網》，2020.09.08.
• 〈最早對新冠肺炎示警的中國醫師李文亮死亡〉，《聯合新聞》，2020.02.07.
• 〈「武漢英雄」李文亮夫人生產遺腹子…「丈夫送的最後禮物」〉，《News1》，2020.06.12.
• 〈自行慶祝中的「新冠肺炎勝利」〉，《朝鮮日報》，2020.09.09.
• "'Hero who told the truth': Chinese rage over coronavirus death of whistleblower doctor", 《Guardian》, 2020.05.10.

44．**韓國一半的懸浮微粒來自中國**

• 〈來自中國的懸浮微粒＋韓國國內污染物質→細懸浮微粒呈倍數增加〉，《聯合新聞》，2020.07.28.
• 〈灑水、更改資料…中的空氣污染數值作假放大鏡〉，《朝鮮日報》，2019.05.20.
• 〈中國環境部發言人大人，韓國懸浮微粒有一半是從你們那裡來的〉，《朝鮮日報》，2019.01.14.
• 〈北京表示減少懸浮微粒…周遭的污染變得更嚴重〉，《中央日報》，2019.04.30.

45．**在教會唱過國歌的人？**

• 〈方濟各教宗選擇的「神之一手」〉，《週刊東亞》，2018.10.15.
• 〈提到「香港自由」後逃跑的教宗…在意中國？〉，《中央日報》，2020.07.09.
• Sarah Cook, "Christianity: Religious Freedom in China", Freedom House, (freedomhouse.org/report/2017/battle-china-spirit-christianity-religious-freedom)
• Daniel H. Bays, 《A New History of Chinese Christianity》, Wiley-Blackwell, 2012.

46・**某天微信帳號突然被刪除**

- "WeChat users outside China face surveillance while training censorship algorithms", 《The Washington Post》, 2020.05.08.
- The Citizen Lab, "We Chat, They Watch", University of Toronto, 2020.05.07.
- "A Singing Xi Jinping Look-alike Battles the Censors in China", 《NYT》, 2020.06.29.
- 〈中當局封口…政府批判文章即時刪除，甚至連群組聊天室都被封〉，《朝鮮日報》，2020.01.29.

47・**突破萬里防火牆的VPN**

- "Great Firewall", Wikipedia.
- "In China, the 'Great Firewall' Is Changing a Generation", 《Politico》, 2020.09.01.
- "The Story of China's Great Firewall, the world's most sophisticated censorship system", 《SCMP》, 2019.11.07.
- 〈美中這次「APP封鎖戰爭」…戰線擴大到世界〉，《朝鮮日報》，2020.07.16.
- 〈香港出埃及記…因中審查疑慮出走的IT企業們〉，《韓國經濟》，2020.07.21.
- 〈「萬里防火牆」處罰…連環球時報編輯都向中警察反抗〉，《中央日報》，2020.05.21.

48・**黨知道你昨晚做過的事**

- 〈「打拐媽媽」李靜芝：兒子是她找回的第30個孩子〉，《新京報》，2020.05.25.
- 〈火車也搭載了臉部辨識…中，現代版老大哥疑慮〉，《朝鮮日報》，2019.12.05.
- 〈世界最糟的「監視都市」北京…前20個都市中就有18個在「中國」〉，《Newsis》，2020.07.27.

49・**在中國就業留級生很常見嗎？**

- 〈這些年輕人決定進入體制內〉，《Vista看天下493期》，2020.07.12.
- 〈1000萬名中新冠肺炎就業準備生…千方百計協助就業〉，《朝鮮日報》，2020.07.10.
- 〈把「拯救攤販」當作新冠肺炎失業對策的中國〉，《朝鮮日報》，2020.06.03.
- C. Textor, "Unemployment rate in urban China from 2008 to 2018 with a forecast until 2021", Statista, (www.statista.com/statistics/270320/unemployment-rate-in-china), 2020.09.03.

50・中國失業率是假的嗎？

- 〈劉陳杰：新冠或導致1.5億-2億人摩擦性失業〉，《首席經濟學家論壇》，2020.04.02.
- "The mystery of China's unemployment rate", 《Fortune》, 2020.05.24.
- 〈中國無法相信的三種統計…失業率、資產投資、個人所得〉，《聯合新聞》，2017.06.17.
- 〈創業天國中的兩面「隱藏的失業率」〉，《首爾經濟》，2017.08.06.

51・「抱歉是文科生」現象在中國更嚴重

- 〈2020年中國大學生就業報告：計算機類專業月收入最高〉，《新浪教育》，2020.07.01.
- 〈《2020年中國大學生就業報告》（就業藍皮書）發布〉，《央廣網》，2020.07.10.
- 〈報告發現：六大就構性錯配導致大學生就業難〉，《中國青年報》，2020.08.14.

第五章　文化——中國如何操控文化？

52・訂閱、按讚，設定通知！

- 〈中國，要抓跑單幫的，跑到明洞來抓〉，《朝鮮日報》，2019.02.07.
- 〈美團點評、拼多多、小紅書…中下一代科技企業9選〉，《朝鮮日報》，2020.01.30.
- 〈1分鐘130億韓元！比電視購物還厲害的中網紅〉，《Money Today》，2020.01.05.
- 〈「網紅代言」「直播帶貨」要當心了，檢查機關將對違規行為出手了！〉，《澎湃新聞》，2020.07.02.

53・中國版的我也是BTS（防彈少年團）粉絲

- 〈TFBOYS誰最有錢，出道4年資產上億，王俊凱成最低〉，《搜狐》，2018.02.11.
- 〈TF BOYS七週年圓滿落幕 試聽盛宴獲好評〉，《環球網》，2020.08.24.
- 〈「抄襲EXO音樂？8年前使用的畫面」中導演的解釋〉，《TV Report》，2015.04.29.

54・就連超級巨星也只能賺國家規定的金額

- 〈周冬雨演幕後之王片酬一個億？ 財報新更正：沒有1億，只有7264萬〉，《騰訊網》，2020.07.29.
- 〈廣電總局發布「限薪令」：嚴控片酬嚴打收視率造假〉，《新華網》，2018.11.09.
- 〈40集封頂，「限薪令」升級， 如何看廣電總局新規？〉，《人民網》，2020.02.14.
- 〈疫情之下影視劇製作成本嚴控，單集上限400萬元主演片酬不超10%〉，《第一財經》，2020.04.28.

55・**仿冒的世界**

- 〈韓「無限挑戰」中變成「我們的挑戰」…又過度抄襲〉，《No Cut News》，2020.06.15.
- 〈限韓令後變本加厲的中國「無止境的抄襲」〉，《運動傾向》，2020.06.17.
- 〈「我家的熊孩子」和「PRODUCE 101」也是…中國抄襲的韓國綜藝34件〉，《聯合新聞》，2018.10.07.
- 〈複製「Road to Kingdom」 Golden Child舞台的中綜藝遲來的爭論〉，《運動傾向》，2020.06.16.
- 〈羅暎錫PD「中綜藝」抄襲「尹食堂」？版權並不貴〉，《News1》，2017.06.01.

56・**十四億人口出不了一個足球巨星的原因**

- 〈國足爭論又起風波：給我年薪百萬，我的球輸得更漂亮〉，《網易》，2020.07.18.
- 〈國足為何不愛留洋？高薪水也只是其中的原因之一〉，《騰訊網》，2020.06.22.
- 〈FIFA年終排名：國足世界第71位〉，《百度體育》，2019.12.24.
- 〈「足球崛起」中的歸化作戰…是否能實現習近平進軍世界盃內圍賽的夢想〉，《東亞日報》，2019.08.08.

57・**中國男子為什麼這麼體貼？**

- “Gender diversity is good for business”, 《Credit Suisse》, 2019.10.10.
- 〈BOSS直聘發布2020中國職場性別薪酬差異報告 男女薪資差距三年來首次縮減〉，《中國經濟週刊》，2020.03.05.

58・**中國是超人拯救地球：愛國主義電影**

- 〈中國是地球的救世主？…命中「愛國電影」的大陸〉，《朝鮮日報》，2019.02.19.

- 〈中，以愛國主義電影擄獲民心…在全國7萬家電影院免費配給〉，《朝鮮日報》，2020.03.20.
- "China Screens Patriotic Movies to Whip Up Nationalistic Fervor", 《Bloomberg》, 2019.09.30.

59・**社會主義饒舌歌手登場的理由**

- 〈抵抗的饒舌樂，在中國只對社會主義阿諛獻媚〉，《朝鮮日報》，2019.02.25.
- 〈饒舌歌手在中國為何不挑戰權力〉，《bbc中文網》， 2020.01.12.
- 〈中國政府要封殺嘻哈文化？〉，《德國之聲中文網》， 2018.01.23.
- 〈中國嘻哈文化和說唱成為政府打壓目標〉，《ABC中文網》，2018.01.24.

60・**一夕之間消失的中國吃播**

- 〈被習近平看到就糟了，以光速刪除的中國吃播〉，《朝鮮日報》，2020.08.13.
- 〈中國移除1萬多個「吃播」帳號，10萬直播主也瞬間蒸發！〉，《中央社》，2020.09.04.
- 〈畸形「吃播」自傷又浪費 多機構倡議健康消費〉，《央視網》，2020.08.23.

61・**「動物森友會」，在中國不能玩**

- "Worldwide digital games market: August 2020", SuperData, ? (www.superdataresearch.com/blog/worldwide-digital-games-market), 2020.08.24.
- 〈島外人〉，百度百科
- 〈「動物森友會」，在中國失蹤〉，《朝鮮日報》，2020.04.12.
- 〈「為什麼出現在那裡」…拜登在任天堂「動物森友會」內登場的原因〉，《首爾經濟》，2020.09.03.

62・**我追蹤的帳號是政府創建的？**

- "The Chinese government fakes nearly 450 million social media comments a year. This is why", 《WP》, 2016.05.20.
- 〈中國版貼文特工〉，《朝鮮日報》，2019.02.21.
- 〈中，官方媒體領先SNS宣傳戰-收集海外輿論〉，《東亞日報》，2019.08.28.

3小時讀懂現代中國

作者	李伐贊、吳京鈴
譯者	陳聖薇、游芯歆、張琪惠
商周集團榮譽發行人	金惟純
商周集團執行長	郭奕伶
視覺顧問	陳栩椿
商業周刊出版部	
總編輯	余幸娟
責任編輯	林雲
封面設計	林芷伊
內頁排版	林婕瀅
校對	呂佳真
出版發行	城邦文化事業股份有限公司 - 商業周刊
地址	104台北市中山區民生東路二段141號4樓
傳真服務	(02)2503-6989
劃撥帳號	50003033
戶名	英屬蓋曼群島商家庭傳媒股份有限公司城邦分公司
網站	www.businessweekly.com.tw
香港發行所	城邦(香港)出版集團有限公司 香港灣仔駱克道193號東超商業中心1樓 電話:(852)25086231 傳真:(852)25789337 E-mail:hkcite@biznetvigator.com
製版印刷	中原造像股份有限公司
總經銷	聯合發行股份有限公司 電話:(02)2917-8022
初版1刷	2021年 5 月
初版5刷	2021年10月
定價	台幣380元
ISBN	978-986-5519-38-4(平裝)

國家圖書館出版品預行編目資料

3小時讀懂現代中國/李伐贊,吳京鈴著;游芯歆,陳聖薇,
張琪惠譯. -- 初版. -- 臺北市:城邦商業周刊, 2021.05
面; 公分.
譯自:세상 친절한 중국상식 62가지 질문으로 들여다
본 중국인의 뇌 구조
ISBN 978-986-5519-38-4(平裝)
1.中國大陸研究 2.政治經濟
574.1 110004291

藍學堂

學習・奇趣・輕鬆讀